PATCHWORK

*A mi madre
mi primera maestra*

Editor: Jesús Domingo
Coordinación editorial: Paloma González
Edición a cargo de: Eva Domingo
Revisión técnica: Gloria Llopart

Primera edición: 1997
Segunda edición: 2000
Tercera edición: 2002
Cuarta edición: 2003
Quinta edición: 2005
Sexta edición: 2006
Séptima edición: 2007
Octava edición: 2009

No está permitida la reproducción total o parcial de este libro, ni su tratamiento informático, ni la transmisión de ninguna forma o por cualquier medio, ya sea electrónico, mecánico, por fotocopia u otros métodos, sin el permiso previo y por escrito de los titulares del *Copyright*.

Título original: *Trapunte a Patchwork*
© 1995 R.C.S. LIBRI & GRANDI OPERE, S.p.A., Milán, Italia.
© 1997 de la versión española
realizada por Mª Teresa Martínez
by EDITORIAL EL DRAC, S.L.
Marqués de Urquijo, 34. 28008 Madrid
Tel: 91 559 98 32 / Fax: 91 541 02 35
E-mail: info@edicionestutor.com
www.editorialeldrac.com

Fotografías de Piero Baguzzi
Esquemas finales de G. Napodano

ISBN 13: 978-84-88893-40-6
ISBN 10: 84-88893-40-X
Depósito legal: M-47.520-2008
Impreso en Orymu
Impreso en España - *Printed in Spain*

PATCHWORK
"Fácil y Rápido"

Gianna Valli Berti

ÍNDICE

Introducción	6
HISTORIA DEL PATCHWORK	8
En Inglaterra	8
El Patchwork en América	10

TÉCNICA 13

Materiales	14
IDEAR O CREAR	16
ESTUDIO DEL COLOR	22
La rueda cromática	22
Colores primarios y secundarios	22
Colores complementarios y adyacentes	23
Colores cálidos y fríos	23
Las mezclas	24
PROYECTAR GRÁFICAMENTE	26
CONFECCIÓN DEL TOP	28
PREPARACIÓN DEL ACOLCHADO	30
RELLENO Y FORRO	32
REALIZACIÓN DEL ACOLCHADO	33
ACABADO	34
PARTE DE UN TOP	35

REALIZACIÓN "FÁCIL Y RÁPIDO" 37

LA TELA	38
El bies	39
EL CORTE	40
Material y ejecución	40
Cuchilla circular o "cutter"	40
Reglas y escuadras transparentes	42
Alfombrilla sintética graduada	43
EL CORTE DE LAS PIEZAS	44
Cuadrar la tela	44
Corte de las tiras en sentido del hilo	45
Corte de tiras al bies	46
Transformar la tira en piezas	47
Cómo cortar el cuadrado	48
Cómo cortar triángulos en un cuadrado	48
Cómo cortar un triángulo en un cuarto de cuadrado	49
Cómo cortar el rectángulo	49
Cómo cortar el rombo	50
Cómo cortar el exágono	50
Método alternativo del corte	51
COSIDO	52
La máquina de coser	52
Cosido en cadena	53
Planchado	53
OTROS USOS POSTERIORES DE LA CUCHILLA CIRCULAR	54
Tela cortada en tiras al bies	55
Cómo cortar cuadrados compuestos	56
Cómo cortar triángulos compuestos	57
Tiras de tela en sentido del hilo	57
MÉTODOS DE REALIZACIÓN	58
Método inglés	59
Método Appliqué	60
"Log Cabin"	62

ÍNDICE

PROYECTOS 65

Bloque con hoja............................ 66
Bloque con cuadrados.................. 68
Bloque con motivo "mantequera"... 70
Bloque con tiras de tela................ 72
Bloque con barquita 74
Bloque con triángulos.................... 76
Bloque "cuadrado dentro
    del cuadrado" 78
Bloque con cestito 80
Bloque "Log Cabin" 82
Bloque con molinillos 84
Bloque con estrella....................... 86
Bloque con corazón...................... 88
"Sampler Quilt" 90
Pequeña colcha de cuadrados...... 92
Quilt con casas 94
Quilt con bloques de una sola pieza . 96
"Scrap quilt" 98
Quilt de 9 piezas.......................... 100
Quilt con gatos todo orejas 102
Funda de almohadón de triángulos. 104
Funda de almohadón con
    "vuelo de la oca".................... 106
Quilt con estrellas........................ 108
Quilt "árbol de la vida" 110
Quilt de tiras 112
Pequeña colcha 4 estaciones 114
Pequeña colcha con corazones ... 116
Quilt con tréboles de 4 hojas........ 118
Quilt con cestitos 120
Portabebés 122

GALERIA 125

ESQUEMAS 160

Pequeña colcha de cuadrados...... 160
Quilt con bloques de una
    sola pieza............................... 161
Quilt con casas 162
"Scrap quilt" 164
Quilt de 9 piezas.......................... 165
Quilt con gatos todo orejas 166
Funda de almohadón
    con triángulos 168
Funda de almohadón con
    "vuelo de la oca".................... 169
Quilt de tiras 170
Quilt con tréboles de 4 hojas........ 171
Pequeña colcha 4 estaciones 172
Quilt con cestitos 174

Glosario...................................... 176
Direcciones útiles....................... 176

INTRODUCCIÓN

Este libro va dirigido tanto a principiantes como para las personas que ya han practicado los sistemas tradicionales y desean aprender el método de realización Patchwork "Fácil y Rápido"; comprende:
- *Un resumen de la historia del Patchwork en los momentos más significativos de su evolución.*
- *Un tratado de las distintas fases fundamentales para la realización de un* quilt.
- *La descripción de los materiales necesarios y su utilización.*
- *Una introducción a los distintos métodos para realizar Patchwork.*
- *Esquemas para distintos trabajos.*
- *Un conjunto de* quilts *realizados con distintos métodos.*
- *Los gráficos para la realización de los esquemas.*

Hacer Patchwork es una fuente de alegría, porque permite traducir en placer estético lo poco o mucho de creatividad que existe en cada uno de nosotros. Hacer Patchwork es una manera relajada de distraerse de la monótona o frenética actividad de la vida cotidiana. Hacer Patchwork es motivo de orgullo, porque nos hace sentir artífices de pequeños milagros nacidos de cualquier retal de tela o de un poco de tiempo. Es también un agradable momento de encuentro, tanto en familia, porque cada uno puede colaborar según sus propias capacidades, como entre amigos. Hacer Patchwork es el placer de decorar con alegría, colores y dibujos, la habitación de un niño o de recrear en nuestra casa la cálida atmósfera "old America" (de la Vieja América). Hacer Patchwork es todo esto y aún más, desde un punto de vista práctico, tiene momentos poco gratificantes, cuando el trabajo de ejecución se hace repetitivo, como cortar y coser tantas piezas iguales, sin dejar espacio a la fantasía y a la creatividad, pensar en el tiempo que lleva, es algo que en efecto asusta y actúa como freno para lanzarnos a posteriores realizaciones.

Las nuevas técnicas de confección eliminan estos inconvenientes.

Muchos están convencidos de que la confección de un quilt grande, tal vez un "king size", como se llama en América a una colcha de cama matrimonial, requiere meses o años; no se puede decir que esto no sea verdad en el caso en el que se pretenda proceder con métodos tradicionales; las técnicas y los materiales más recientes aceleran los tiempos de manera revolucionaria. Utilizar la cuchilla circular, así como las tijeras y coser ya sea a máquina o a mano no quita nada al encanto de un quilt hecho con antiguos motivos de Patchwork, sólo garantiza una mayor velocidad y facilidad a la hora de realizarlo.

El trabajo es más rápido porque, mientras que con las tijeras las piezas deben cortarse de una en una, con la cuchilla circular es posible superponer varias capas de tela y cortar muchas piezas en poco tiempo, sin necesidad de marcar con tiza la tela.

El trabajo es más fácil porque simplificado por las indicaciones de rayas y ángulos presentes en las reglas y escuadras transparentes que acompañan a la cuchilla circular, resultan de gran ayuda, especialmente para quien no gusta de hacer cálculos matemáticos y construcciones geométricas. La racionalidad de los utensilios, además de facilitar el trabajo, elimina también el esfuerzo físico de la mano, que el uso prolongado de las tijeras condena a sufrir calambres, dolores y otras molestias.

Con el método "Fácil y Rápido" ya no asusta ni el tiempo, ni las dificultades; y os podréis aventurar cada vez más lejos en el largo camino de los grandes quilts *de inspiración tradicional o moderna.*

El libro ilustra con especial atención las fases del cortado y cosido realizado con los métodos innovadores, pero presenta también todas las restantes fases del trabajo, necesarias para la creación completa de un trabajo, así como los métodos de realización tradicionales. Para los principiantes, es aconsejable realizar al principio trabajos guiados, es decir los propuestos por el texto, de los cuales se proporcionan todas las indicaciones necesarias; solamente después de haber adquirido la debida pericia en técnicas y manejo de utensilios, se podrá dar rienda suelta con plena satisfacción a la propia creatividad, ideando y realizando trabajos totalmente personales.

Gianna Valli Berti

Refinado quilt *geométrico de especial valor gráfico y cromático. (R. Ferré)*

HISTORIA DEL PATCHWORK

Hablar de métodos innovadores en la realización del Patchwork indudablemente suscita la curiosidad por conocer los sistemas tradicionales, su origen, el ambiente en el cual se han desarrollado, las motivaciones, etc. Por este motivo puede ser útil recorrer, aunque sea brevemente, la historia de esta actividad nacida como algo utilitario y desarrollada después en un ámbito tan amplio que abarca aspectos históricos y sociológicos, hasta alcanzar un indudable valor artístico. Los vocablos ingleses *patchwork* y *quilting* indican respectivamente "trabajo de remiendo" y "acolchado" en un amplio sentido. Tipos de realización en los que las tres capas de material (el *top*, el relleno y el forro) van cosidas juntas. La capa superior o *top*, nace generalmente de la unión de las distintas piezas de tela, ya sea por unión o por superposición, hasta formar dibujos geométricos u otros.

Los orígenes del Patchwork son bastante remotos y los testimonios inciertos, pero es sabido que hace 5.000 años este tipo de trabajo se realizaba en el cercano Oriente y más tarde en Egipto. Se puede decir que el Patchwork existe desde que se conoce la tela, pero fue durante la Edad Media cuando, siguiendo el camino de este a oeste, llegó a Europa. Su vehículo fueron los Cruzados al regreso de Tierra Santa, que habían comenzado a vestir una especie de camisa acolchada debajo de la armadura, para protegerse de la aspereza del metal y de los rigores del clima.

Sobre la huella de esta necesidad las mujeres europeas se dedicaron a confeccionar trabajos con retales de telas, cosidos unos con otros y después acolchados. Con el paso del tiempo, el acolchado se hizo más regular y la disposición de los remiendos menos casual, de esta manera los trabajos además de calientes se hicieron más bellos.

EN INGLATERRA

Es en este punto donde se puede hablar de auténtico y verdadero Patchwork, orgullo de Inglaterra primero y más tarde de América. Esta actividad, practicada inicialmente entre los estratos más humildes de la población, en tierras de Albion, se fue refinando y poco a poco se adentró también en los ambientes más pudientes y aristocráticos de la sociedad, hasta convertirse en un pasatiempo de las señoras más refinadas, que aportaron su buen gusto. Estos trabajos más ricos y sofisticados caracterizados por pequeñísimos remiendos y por telas como la seda, el terciopelo, el damasco y el brocado, merecen el título de "época de oro del Patchwork" durante el siglo XIX en Inglaterra.

En un determinado momento el Patchwork de este país empezó a perder su originaria vitalidad creativa, pero no llegó a desaparecer; encontró nueva inspiración en las colonias de América, donde se introdujo a través de los emigrantes que provenían de distintos países europeos y en particular de Inglaterra.

Quilt *de composición central, característica de la elaboración inglesa. (Flynn Quilt Frame Co.)*

HISTORIA DEL PATCHWORK

EL PATCHWORK EN AMÉRICA

Desde el siglo XVIII la historia del Patchwork, o del *Quilt*, como se denomina con más frecuencia en América, se trasladó al Nuevo Mundo.

Una vez más esta actividad tuvo en sus orígenes una finalidad utilitaria. En los primeros tiempos de la colonización americana, la indigencia llevó a las mujeres a confeccionar mantas y ropa con el poco y humilde material de que disponían, reciclando lo que iba quedando de las viejas colchas que habían traído de Europa; indumentarias utilizadas al máximo y a veces hasta sacos de harina, semillas o pienso.

El material utilizado para el relleno, era pues, de lo más rudimentario: hojas secas, hojas de panochas de maíz o bien simples pedazos de papel.

Más tarde, cuando el material se hizo menos tosco, se normalizó el intercambio de tejidos con países de más allá del océano, y el Nuevo Mundo estuvo en situación de producir sus propios productos para esta actividad, los *quilts* se fueron convirtiendo en piezas de notable valor, tanto por su aspecto estético, como por sus calidades térmicas.

Las mujeres, ayudadas a veces por los hombres, demostraron unas dotes de creatividad y sensibilidad tales que elevaron sus trabajos a niveles artísticos.

El Patchwork americano, a pesar de tener su origen e inspiración en el inglés, desarrolló características propias, tanto en los métodos de realización como en la composición de los motivos.

Mientras en Inglaterra se practicaba con frecuencia el método basado en plantillas de papel introducidas debajo de las piezas, llamado precisamente "método inglés", en América se desarrolló el sistema de unir las piezas una al lado de otra, teniendo como guía una marca hecha a lápiz sobre la tela, e incluso a veces sin ninguna marca.

Además, en Inglaterra era muy corriente que en el *top* hubiera una composición en forma de medallón (es decir de desarrollo central) mientras que en América se dio preferencia a la composición con recuadros o bloques.

Estos recuadros, en efecto, resultaban más fáciles de manejar en ambientes pequeños, como eran las primeras casas de los pioneros, o la caravanas en las que estas gentes vivían durante los largos desplazamientos hacia el oeste, el mítico Far West.

Los recuadros además ofrecían una más amplia posibilidad de utilizar trozos de tela de distintos tamaños, incluso trozos muy pequeños.

Cualquiera que sea el lugar y el momento en el que ha sido realizado, un *quilt* americano resulta siempre muy atractivo por el testimonio que nos ofrece de aquel mundo y por la belleza de su composición y sus colores.

Debido al auge y reconocimiento de esta actividad en las últimas décadas, un considerable número de estudios nos ha permitido conocer la historia del Patchwork americano y sus características; numerosas exposiciones, tanto de carácter estable como itinerantes, han contribuido a su difusión.

No sólo los museos específicos albergan los ejemplares más significativos, también pueden verse en galerías de arte clásico que presentan colecciones de *quilts* como una forma más de arte visual.

El punto de llegada, si es que se puede decir así, no es el Patchwork clásico, pero, basándose en éste, toda persona dedicada a esta actividad, aspira a idear y después a confeccionar trabajos personales. Lo demuestra el riquísimo filón contemporáneo que ha producido verdaderas y personalísimas obras de arte en trabajos que pueden definirse según las más recientes clasificaciones como de tipo: geométrico, pictórico, decorativo, ornamental o figurativo.

Y como final, es desde América desde donde se difunden por todo el mundo las técnicas de realización más innovadoras, entre las que destaca como fundamental el método "Fácil y Rápido", basado sobre la "rotary cutter", es decir en la cuchilla circular.

Recuadros con estrellas en una composición característica de la tradición americana. (J. Theobald)

HISTORIA DEL PATCHWORK

TÉCNICA

TÉCNICA

MATERIALES

Los materiales principales para realizar un patchwork, además de la plancha, son:
- tijeras, para cortar tela y papel;
- agujas de distintos tamaños según el tejido y las fases de realización;
- dedal;
- alfileres, lo más finos y puntiagudos posible;
- hilo para las costuras, para coser a mano o en máquina y específico para el acolchado;
- Lápices de grafito para bocetos, de pastel para las pruebas de colores, solubles (al agua y al aire) para marcar el acolchado;
- bastidor para bordar, de anilla regulable o bien un bastidor componible de elementos tubulares de plástico o de mesa, especial para acolchar;
- además es necesario para trabajar "Fácil y Rápido", la cuchilla circular, reglas y escuadras transparentes, alfombrilla sintética graduada también conocida como "mat" o base.

Os aconsejo iniciar este tipo de trabajo con el material básico del cual disponéis e ir comprando los utensilios necesarios para los distintos métodos, poco a poco, a medida que vayáis adquiriendo experiencia y capacidad para escoger los artículos específicos.

En las páginas anteriores quilt *realizado por G. Renouf.*

TÉCNICA

15

IDEAR O CREAR

Las fases normalmente necesarias para la realización de un *quilt* son:
- la idea;
- estudiar el color;
- hacer un boceto gráfico;
- confeccionar el *top*;
- preparar el acolchado;
- rellenar y forrar;
- realizar el acolchado;
- rematar.

Los elementos que contribuyen a la creación de un *quilt* pueden ser: el uso, el ambiente o la persona a la que el trabajo está destinado. De todos estos factores dependerán la elección del tono y del color.

El tono ingenuo y delicado, reservado para miniquilts *y tapices para la habitación de los niños, será el resultado de unir armoniosos colores pastel, rosa, amarillo o lavanda; sin embargo, es conveniente añadir un toque de color más vivo para realzar la composición.*

TÉCNICA

Pequeña colcha tipo "Log Cabin" realizada utilizando una tela estampada con motivos infantiles. (N. Betral)

TÉCNICA

Quilts *con dibujos y colores vivos son ideales para la habitación de los jóvenes. En este tapiz cuadrado, una biblioteca totalmente de Patchwork: genial la composición, agradablemente vivaces los tonos, un acolchado sobrio, pero sugestivo.
(J. Chausson)*

TÉCNICA

Para dar animación a un ambiente especialmente apagado, se puede oponer a su sobriedad una realización de tonos luminosos. Aquí abajo un quilt *cuyas piezas están colocadas de manera que se consiga un agradable contraste entre los colores vivos del motivo "Nudo de corbata" y el fondo claro. (R. Ferré)*

TÉCNICA

*Composiciones abstractas, geométricas o figurativas, con juegos de líneas y colores especiales, son muy adecuadas para un interior moderno. Abajo un quilt con tonalidades cromáticas sobrias que, por su nitidez, nos recuerda el desarrollo de un laberinto.
(A. Woringer)*

TÉCNICA

Si queréis realizar un elegante y refinado quilt, *como los que se hacían en el siglo XIX inglés, debéis elegir telas como el terciopelo, seda o brocado, dibujos complejos, un acolchado un tanto especial. Abajo, un* quilt *de medallones, típicamente inglés, admirable por su gran valor gráfico y cromático debido en gran parte a la delicadeza del acolchado. (Flynn Quilt Frame Company)*

ESTUDIO DEL COLOR

En la elección de los colores para proyectar un *quilt*, no es necesario seguir reglas fijas para elegir los colores, sin embargo es útil conocer sus características y las teorías básicas.

LA RUEDA CROMÁTICA

Aparte de los significados atribuidos a los colores en las distintas civilizaciones y épocas, el color posee un lenguaje propio, por lo tanto es oportuno conocer los mensajes que, incluso inconscientemente, recibimos a través de una composición de Patchwork. La elección de los colores y de las combinaciones es muy importante para lograr un buen trabajo, por ello, prescindiendo de la predisposición que cada uno de nosotros tiene para "sentir" mediante los colores, es bueno conocer cuáles son sus principales características. Desde el momento que en una composición de Patchwork los colores no tienen una lectura separada, puesto que actúan los unos sobre los otros, es necesario conocer no sólo sus características individuales, sino también las de sus combinaciones. La rueda cromática ayuda a comprender la relación entre los diversos colores y permite prever cuál será el efecto final en una composición de Patchwork.

COLORES PRIMARIOS Y SECUNDARIOS

Los colores primarios, llamados puros porque no pueden obtenerse mediante la mezcla con otros colores, son: el rojo, el amarillo y el azul.
Se encuentran en los vértices de un triángulo equilátero idealmente inscrito dentro de la rueda.
Los colores secundarios, que se obtienen combinando a partes iguales los primarios, son: naranja (rojo+amarillo), verde (amarillo+azul) y violeta (azul+rojo); se encuentran en los vértices de un triángulo equilátero opuesto al primero.

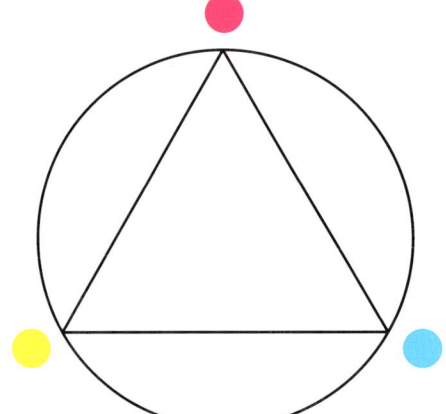
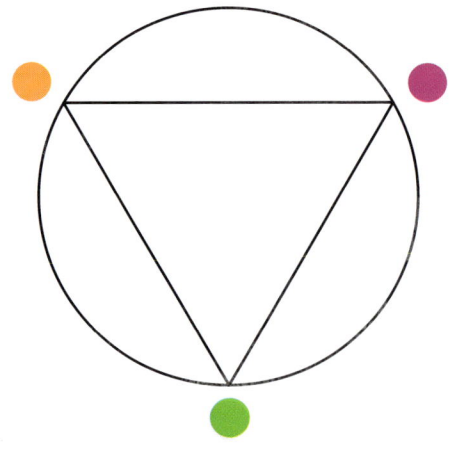

COLORES COMPLEMENTARIOS Y ADYACENTES

 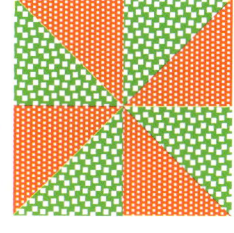 
  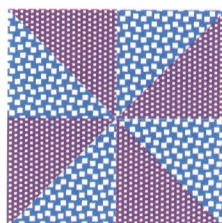

Los colores complementarios, o bien los diametralmente opuestos en la rueda cromática (por ejemplo: amarillo y violeta, rojo y verde, azul y naranja), producen un fuerte contraste, si se asocian entre sí, porque se vuelven mutuamente muy luminosos. Por el contrario, los colores adyacentes o próximos en la rueda cromática (por ejemplo: amarillo y naranja, azul y violeta) producen un efecto armonioso.

COLORES CÁLIDOS Y FRÍOS

Los estímulos visuales provocados por los colores a veces están asociados a las sensaciones de calor y frío; por este motivo los colores rojos, naranjas y amarillos, es decir, los que visualmente llevan al sol y al fuego, son los llamados cálidos, mientras que el azul y el violeta, que nos llevan a pensar en el hielo, en la nieve y en el agua, se conocen como fríos, igual que el verde. En la yuxtaposición, los colores cálidos avanzan, es decir, dan la impresión de estar en primer plano, mientras que los fríos se alejan, retroceden, es decir, que dan la impresión de estar en el fondo. Estas propiedades deben ser tenidas en cuenta si se desea obtener un efecto tridimensional. Yuxtaponiendo el blanco o el negro a un color, se obtienen colores claros u oscuros; en la yuxtaposición, los colores claros avanzan, mientras que los oscuros se alejan. Entre dos figuras de dimensiones iguales, la más clara parece más grande; es oportuno tener presente esta peculiaridad si se desea obtener un efecto de simetría o equilibrio.

Arriba un detalle de un quilt *de R. Peel.*

TÉCNICA

LAS MEZCLAS

Una realización hecha con telas de un solo color puede resultar rígida o excesivamente teatral; para atenuar este efecto es aconsejable utilizar una o más telas de fantasía. Que además de poner de relieve el valor cromático del conjunto, sirven para resaltar su valor gráfico. Al utilizar telas de fantasía, es bueno tener en cuenta las propiedades visuales que éstas adquieren en una composición.

Por ejemplo:
• la fantasía pequeña, es decir de dibujos menudos, constituye un agradable complemento para un solo color y no distrae al ojo del gráfico del motivo, es decir no confunde visualmente el dibujo; es un buena alternativa al color único y se combina agradablemente con una tela fantasía de grandes dibujos;
• la fantasía grande, es decir de dibujos grandes, puede crear inconvenientes si se pone junto a otra tela de fantasía de iguales características, porque los dos dibujos tienden a confundirse entre sí, eliminando los contornos del motivo gráfico en su conjunto;
• rayas, cuadrados, escoceses pueden dar movimiento a la composición, pero pueden también resultar inadecuados cuando la perpendi-

Bocetos de color con motivos tipo "piña".

cularidad de sus dibujos se introduce de manera inexacta sobre la de recuadros geométricos. Para evitar esto es conveniente hacer ensayos con los colores, es decir, colorear de distintas maneras un mismo motivo. Un trabajo de Patchwork debe resultar agradable a la vista tanto de cerca como de lejos; por lo tanto cuando hagáis las pruebas de color es importante observar el efecto desde distancias y ángulos distintos.

Conociendo las propiedades de los colores, estaréis en situación de realizar composiciones acromáticas, monocromáticas o policromáticas.

• Las composiciones acromáticas (o neutras), debido al blanco, gris y negro, exigen cierta pericia para no resultar monótonas o lúgubres; es aconsejable siempre, añadir un toque de color vivo, para dar al conjunto un efecto agradable.

• Las composiciones monocromáticas, realizadas con telas de tintas y veladuras de un solo color, no ofrecen dificultades especiales; sin embargo es oportuno utilizar telas de distintas intensidades y luminosidad.

• Las composiciones policromadas son sin duda las más comunes y constituyen, con el motivo gráfico, la característica principal del Patchwork. Conocer las teorías de los colores es una buena base para una "quilter" que desea expresar su creatividad con fantasía.

Bocetos de color con motivo "Bow Tie" (nudo de corbata).

PROYECTAR GRÁFICAMENTE

Después de haber definido el tono y los colores es adecuado hacer un boceto del *quilt*, que puede ser:
• una composición central (es decir a la inglesa), con recuadros (a la americana), a tiras o mixta;
• con recuadros dispuestos en horizontal o en diagonal;
• con o sin tiras de unión;
• con o sin borde de remate;
• con borde de remate de un solo tejido o en Patchwork.

Quilt *de composición geométrica que puede realizarse mediante la disposición de los recuadros en horizontal o en diagonal. (V. Martin)*

TÉCNICA

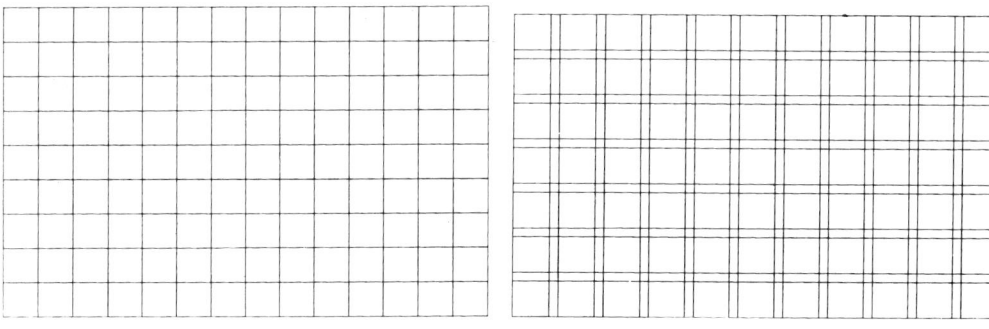

Bloques con o sin tiras de unión dispuestos horizontalmente.

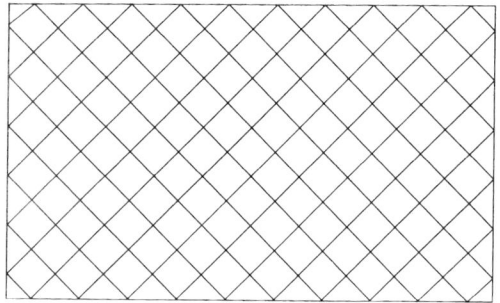 

Bloques con o sin tiras de unión dispuestos diagonalmente.

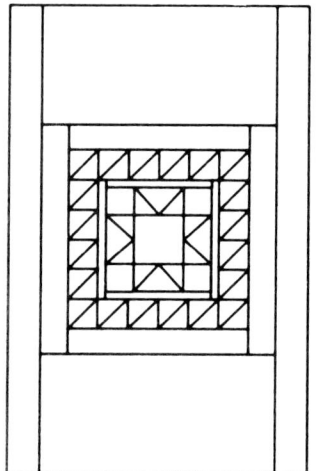  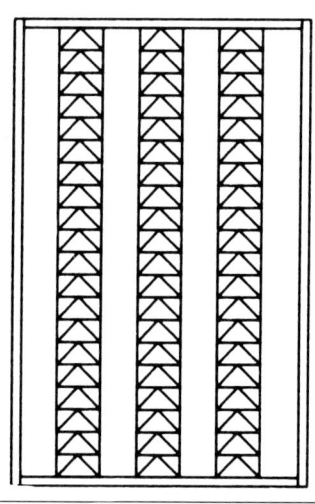

A la izquierda, composición de desarrollo central.

En el centro, composición con recuadros.

A la derecha, composición con tiras.

 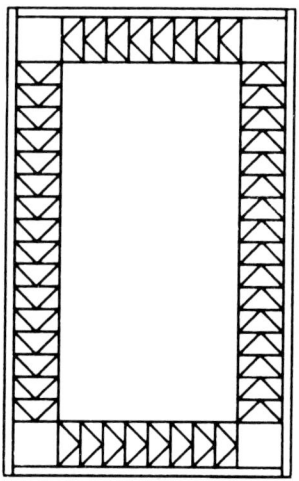

A la izquierda, remate con una tira simple con motivos de Patchwork en los ángulos.

A la derecha, cenefa de remate realizado en Patchwork.

CONFECCIÓN DEL TOP

Para la realización del *top* es necesario cortar los distintos elementos que lo componen, por lo tanto:
• en una composición con desarrollo central (es decir al estilo inglés), unir al cuadrado del centro las piezas laterales, realizando el trabajo desde el centro hacia el exterior;
• en una composición con recuadros (al estilo americano), unir los recuadros y las posibles tiras de unión entre ellos, primero en franjas horizontales y después verticalmente;
• en una composición de tiras, preparar las distintas tiras verticales, después unirlas horizontalmente;
• añadir la primera tira de remate, uniendo las partes horizontales, después las verticales, proceder de la misma manera si están previstas otras tiras de remate;
• planchar debidamente.

Composición de desarrollo central. (J. de Bailliencourt)

 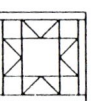 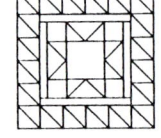 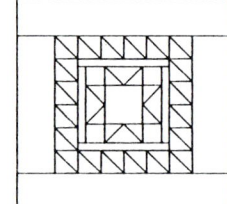

Composición con recuadros. (C. Flocard)

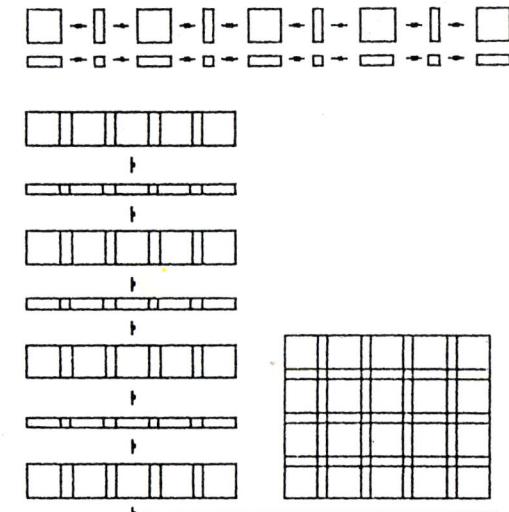

TÉCNICA

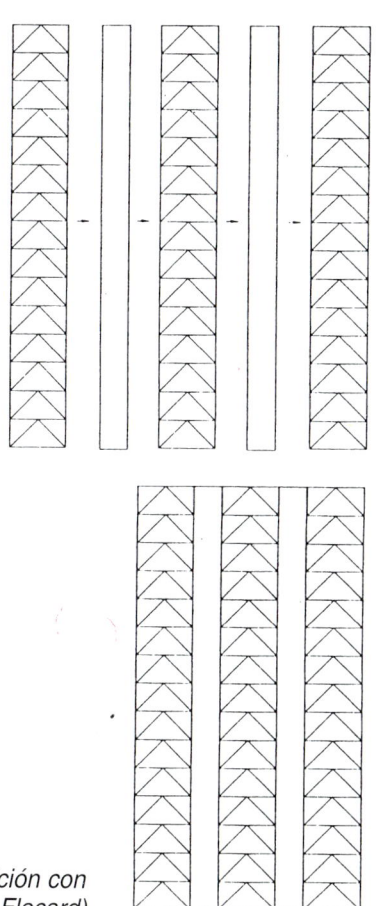

Composición con tiras. (C. Flocard)

Modo de unión de los bordes. (COIN)

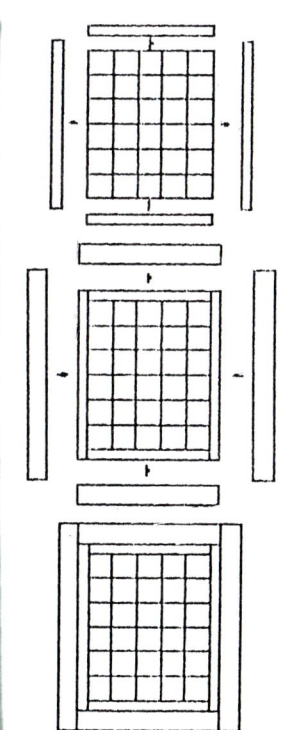

PREPARACIÓN DEL ACOLCHADO

Mini quilt.

La elección del motivo para acolchar es prácticamente ilimitado y depende del gusto y de la habilidad de la persona que realiza el trabajo, y del uso al que es destinado el *quilt*.
El acolchado puede hacerse sobre las costuras o paralelamente a éstas, ser geométrico u ornamental, extenderse a todo el *quilt* o limitarse sólo a algunas partes del mismo, o bien subrayar la forma de las piezas, difuminarlas, realzarlas, en fin lo que se quiera.
Sea cual sea el dibujo, si la elección está guiada por el buen gusto, el acolchado será un toque final muy apreciable (además de cumplir la función primaria de mantener unidos los tres estratos del trabajo) o, como dicen las americanas, será "un buen glaseado sobre una bonita tarta".

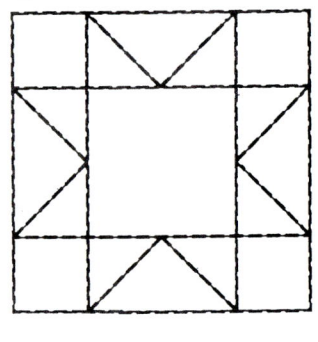
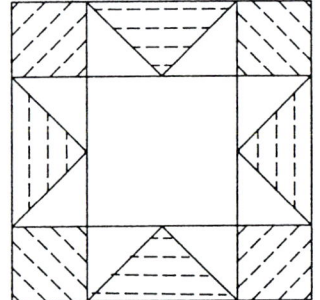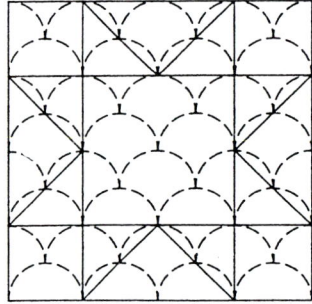

Acolchado sobre las costuras, paralelas a ellas, realzando o bien individualizando el motivo Patchwork.

TÉCNICA

Arriba, motivos clásicos para el acolchado.

Abajo y a la derecha, acolchado en forma de "concha".

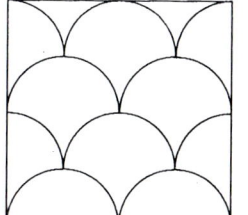

RELLENO Y FORRO

Para unir las tres capas que compone un *quilt* en algodón es necesario:
• disponer sobre la mesa de trabajo (o sobre el suelo si las dimensiones lo requieren) el forro hacia abajo;
• fijar lateralmente con pequeños trozos de cinta adhesiva, únicamente si es necesario;
• superponer la capa de relleno con el *top* hacia arriba;
• sujetar con alfileres las tres capas e hilvanar (en forma de retícula o radialmente) partiendo del centro o alternando la dirección de las costuras para evitar que las tres capas se desplacen. Para un trabajo más rápido se puede sustituir el hilvanado con alfileres de seguridad arqueados, especiales para Patchwork.

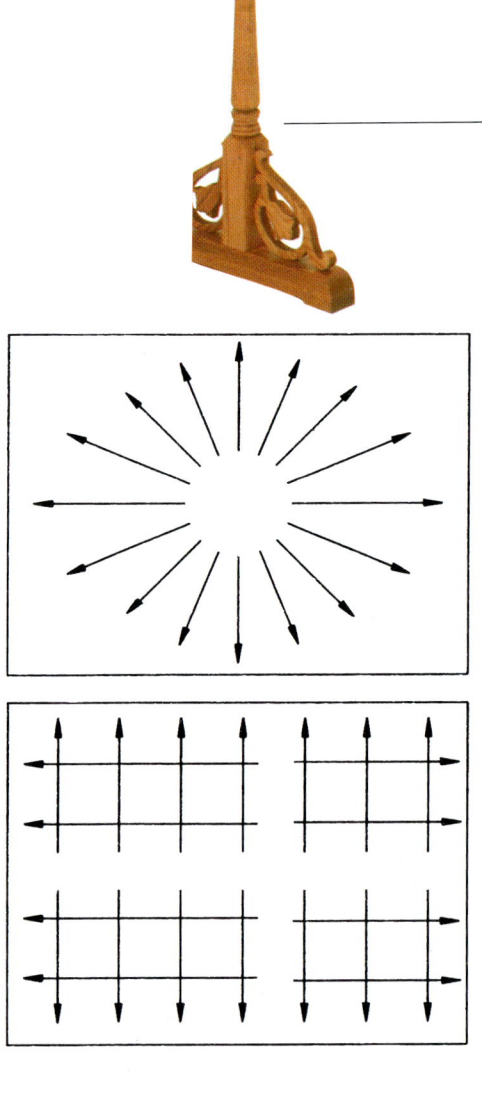

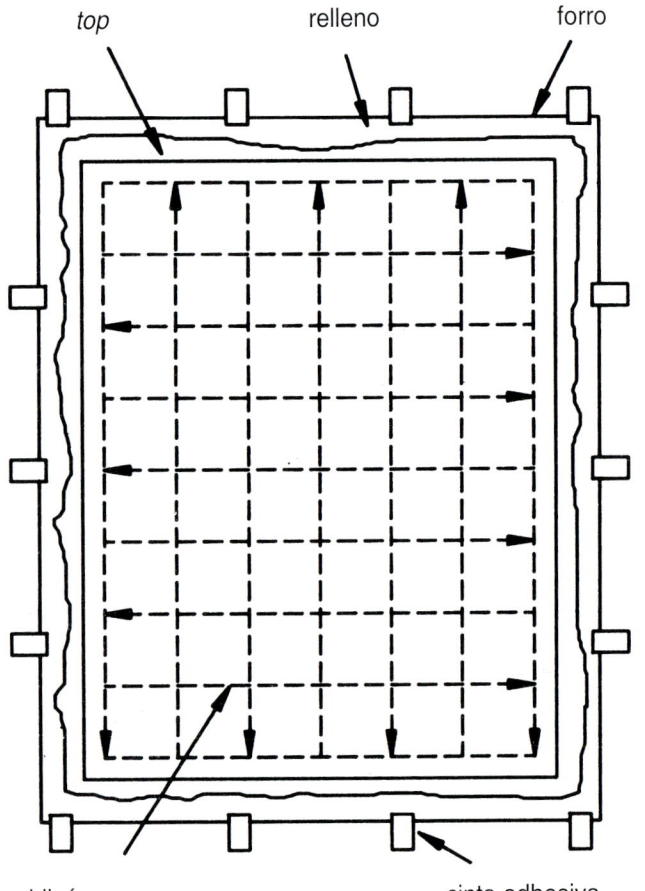

REALIZACIÓN DEL ACOLCHADO

Bastidor de mesa, especialmente práctico para trabajos de grandes dimensiones.

El acolchado puede ser realizado a mano o con máquina de coser si se dispone de un modelo específico para este tipo de trabajo.
La costura a mano se hace con hilván siempre que el espesor del relleno lo permita.
Si la capa de relleno es gruesa, el acolchado se hará en dos tiempos: en el primero la aguja se mete hacia abajo y se saca por debajo del trabajo, en el segundo se mete hacia arriba.
Los mejores resultados se obtienen con agujas finas y cortas. Si no se dispone de hilo específico para acolchar, resistente y que se deslice bien, se puede usar también el hilo normal doble; si éste tiende a hacerse nuditos, se puede solucionar el problema untándolo con un poco de cera. Para los trabajos de pequeñas dimensiones no es necesario utilizar el bastidor, que sin embargo es indispensable para los trabajos de grandes dimensiones o de espesor especialmente alto. Al comenzar el acolchado, se introduce la aguja por debajo del trabajo, por la parte del ojo de la aguja y se tira hacia arriba hasta que el nudo pasa a través del forro y se pierde en el relleno. Al final del cosido se hace un nudo en el hilo sobre el lado derecho del trabajo, después se mete la aguja y se tira del hilo hacia abajo, hasta que el nudo haya pasado a través de la tela y se pierda en el relleno. Un punto hacia atrás al comenzar y al final del cosido dan una mayor seguridad en el remate de la puntada.

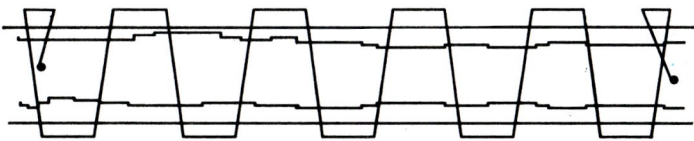

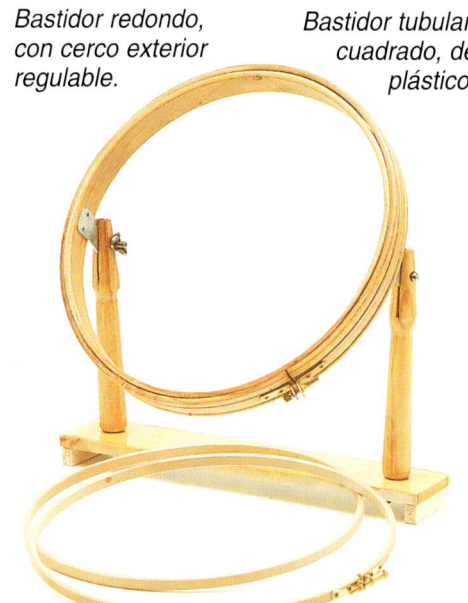

Bastidor redondo, con cerco exterior regulable.

Bastidor tubular, cuadrado, de plástico.

ACABADO

Para el acabado de las partes laterales de la pieza se puede proceder de varias maneras, por ejemplo:
• volver los bordes del derecho sobre el revés del trabajo y fijarlos al forro con un dobladillo;
• volver los bordes del forro sobre el derecho del trabajo y formar un dobladillo exterior, coserlo a mano o a máquina;
• bordear con cinta comprada por metros o con una tira de tela.

Es una buena medida firmar y fechar cada *quilt*, bordando o escribiendo sobre la parte trasera del trabajo con un rotulador especial para escribir en tela. También existen en las tiendas especializadas etiquetas de tela preparadas para este toque final.

Si el trabajo realizado está destinado para ser colgado, como un panel o tapiz, es conveniente aplicar sobre la parte trasera un manguito de tela, es decir un dobladillo en el cual pueda introducirse una varilla; evitará que el trabajo se deforme.

Mantel americano tipo "Log Cabin"; el forro está rematado por el derecho, de manera que hace de borde.

PARTE DE UN TOP

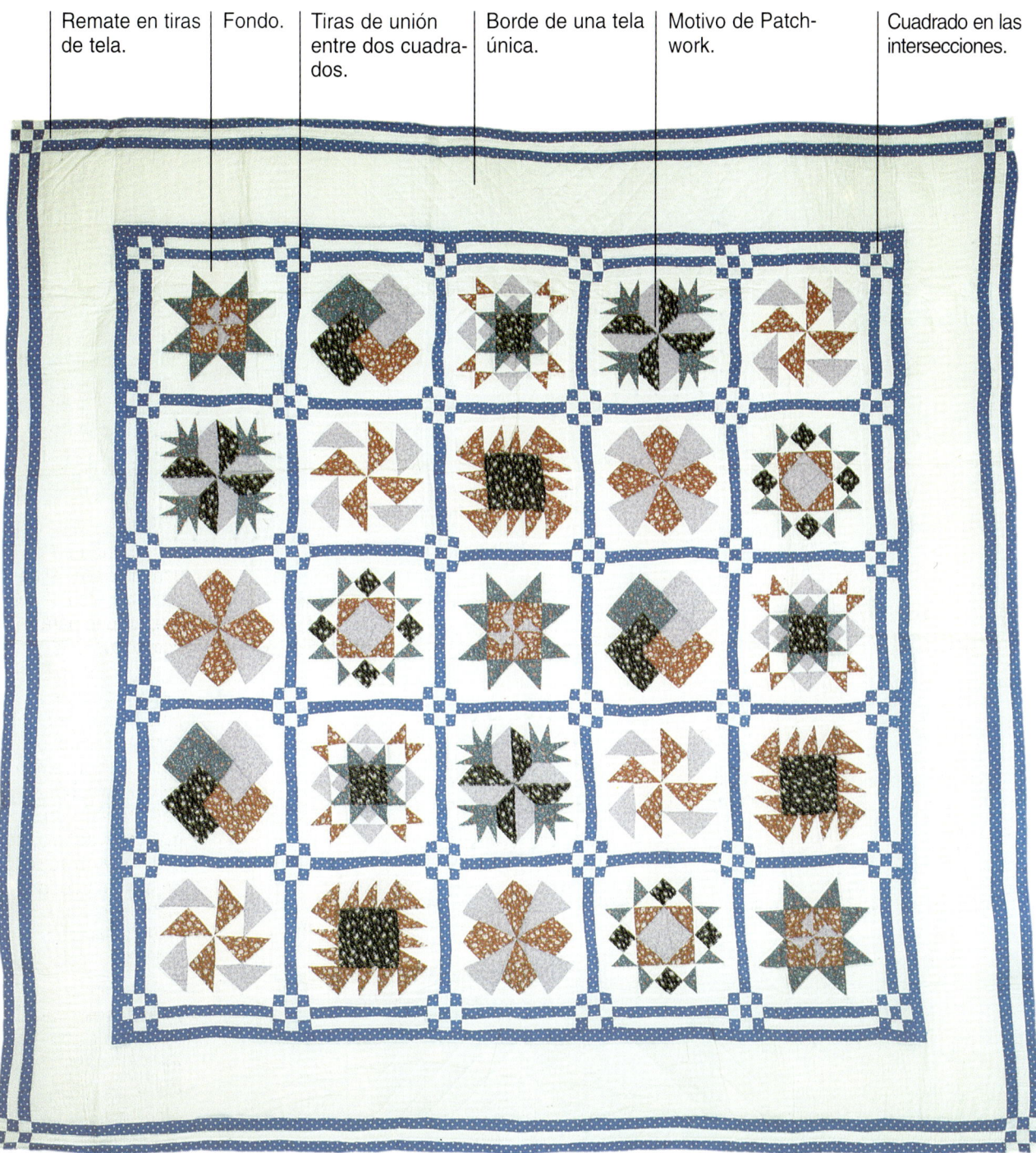

- Remate en tiras de tela.
- Fondo.
- Tiras de unión entre dos cuadrados.
- Borde de una tela única.
- Motivo de Patchwork.
- Cuadrado en las intersecciones.

REALIZACIÓN "FÁCIL Y RÁPIDO"

El innovador método "Fácil y Rápido" está basado en el uso combinado de la cuchilla circular y de la máquina de coser. Esta unión, esencial en el largo camino del Patchwork, puede cambiar radicalmente el rendimiento del trabajo, siempre que se conozcan bien las características de lo que vais a utilizar: la tela, la cuchilla circular y demás accesorios, sin olvidar por supuesto la máquina de coser.

LA TELA

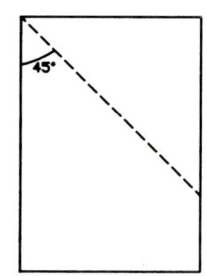

Para utilizar lo mejor posible la tela en la realización de Patchwork es conveniente conocer las características del material que se va a utilizar, cómo tratarlo, sus caras. La elección de los materiales es algo subjetivo, pero os recomiendo el uso de telas en algodón puro (aunque se puede utilizar lana, seda y otras telas de fibras naturales o sintéticas, para hacer trabajos en Patchwork), la preparación de la tela también es subjetivo.
Algunas personas prefieren no quitarle el apresto a la tela nueva, otras lo mojan antes de empezar a trabajar; personalmente considero una buena regla poner la tela a remojo antes de empezar a cortar, para evitar que se encoja en los sucesivos lavados, y verificar si los colores destiñen. El remojo se hace con agua más bien templada y en distintos recipientes para cada color.
Naturalmente esta precaución no es válida para aquellos tejidos que precisan lavados en seco.
El planchado se hará con la tela aún húmeda, porque las arrugas y marcas residuales pueden causar problemas y no se podrán eliminar una vez que el trabajo haya sido forrado y rellenado.
Además, es necesario conocer bien las caras de la tela: el sentido del hilo y el bies.

El sentido del hilo corresponde al ancho de la tela, mientras que la trama corresponde a la longitud. Cualquier otro sentido de la tela es un bies perfecto o impropio.

TÉCNICA

El sentido del hilo en las piezas geométricas básicas.

EL BIES

El bies perfecto (llamado a secas bies) sigue una línea que forma un ángulo de 45° con el sentido del hilo. La tela en su ancho no es elástica, mientras que en su sentido longitudinal lo es ligeramente. El bies perfecto presenta en cambio una elasticidad máxima.

Es importante conocer estas características porque en la composición de un trabajo, sobre todo si es de grandes dimensiones o si está destinado a ser colgado, es bueno evitar las partes al bies en los lados de un recuadro o en todo el trabajo: el trabajo perdería compacidad y acabaría por deformarse con el uso. Tiras, cuadrados y rectángulos deben cortarse en el sentido del hilo, mientras que otras figuras, como el triángulo o el rombo no pueden tener lógicamente todos los lados en este sentido. En el momento de decidir qué lados cortar al bies, debemos tener en cuenta la posición que las piezas tendrán en la composición y evitar que vayan colocadas bies contra bies o bies en los lados, como ya se ha dicho.

Un esquema que representa el sentido del hilo de las piezas geométricas, utilizadas en los trabajos que se presentan en este libro, os puede servir de ayuda.

EL CORTE

MATERIAL Y EJECUCIÓN

El material esencial para cortar con la cuchilla circular o "cutter" comprende:
- cuchilla circular o "cutter";
- reglas y escuadras transparentes;
- alfombrilla sintética graduada.

Cada uno de estos materiales está concebido para poder ser manejado tanto por personas diestras como zurdas.

CUCHILLA CIRCULAR O "CUTTER"

La cuchilla circular o "cutter" (en inglés "rotary cutter") se fabrica en varios tamaños: grande, mediana y pequeña. La grande es aconsejable para trabajos de grandes dimensiones puesto que la cuchilla se mantiene afilada más tiempo. La mediana es un *passe-partout* (pasa por cualquier sitio), muy manejable y fácil de mantener pegada al borde de la regla durante el corte.
La pequeña es especialmente útil para piezas redondeadas o de pequeñas dimensiones. Para cada tipo de cuchilla circular existen hojas de recambio.
Desde el momento que las cuchillas son muy cortantes, hay que tener cuidado al usarlas y al poner el recambio. Es necesario:
- proteger la cuchilla, mediante el dispositivo de seguridad cada vez que se termina un corte;
- guardar en un lugar seguro (puede utilizarse un estuche de gafas).

Existen varias maneras de utilizar esta cuchilla circular; el que considero más adecuado consiste en:
- cortar estando de pie;
- apoyar el dedo índice en la parte cóncava de la empuñadura, donde la superficie está concebida para aumentar la presión y evitar peligrosos deslizamientos;
- apoyar la parte terminal del mango en la palma de la mano;
- apoyar el pulgar por un lado, el medio y el anular en el otro y apretar envolviendo el mango con el conjunto de la mano; la mano debe ser perfectamente dueña del utensilio, como si éste formara parte de ella;
- cortar teniendo el disco perfectamente perpendicular al plano de trabajo y pegado a la regla;
- apretar el disco hacia abajo cuanto haga falta y lo requiera el tipo de tela que se corta y de la cantidad de capas que hayamos puesto, la práctica será nuestra mejor guía;
- procurar que el corte realizado sea limpio, que no quede ningún hilo colgando, si así fuera, significa que hay que sustituir la cuchilla por una nueva;
- para tener el disco siempre en perfectas condiciones, es necesario que esté limpio, especialmente en su parte central, donde gira alrededor del eje; si es necesario, lubrificar con una gotita de aceite.

TÉCNICA

• Para cortar, apretar la regla con toda la mano izquierda, o con la punta de los dedos y, con la mano derecha, deslizar la cuchilla circular hacia arriba, es decir alejándola de nuestro cuerpo.

1

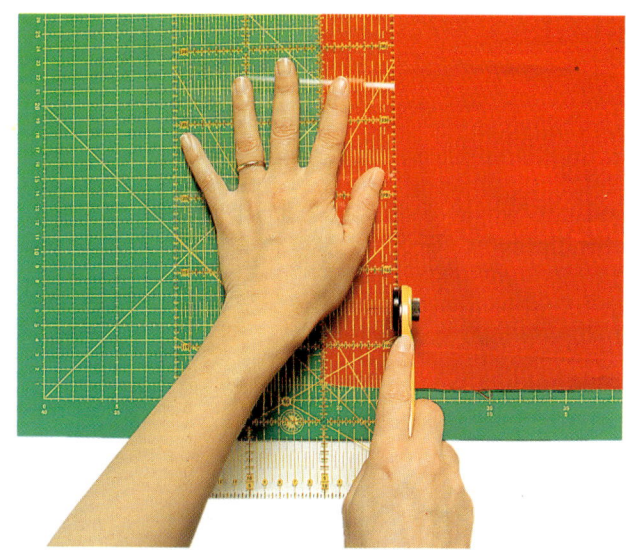

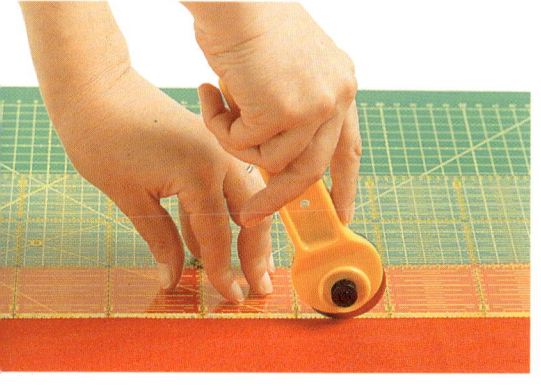

• Parar la cuchilla circular sin alzarla de la tela, cuando se ha llegado a la altura de las yemas de los dedos, avanzar la mano izquierda hacia arriba, contrayendo y distendiendo los dedos con precaución.

2

• Cortar hasta la altura de las yemas de los dedos y avanzar de nuevo la mano izquierda hacia arriba;
• proceder con esta alternancia de movimientos de las manos hasta completar el corte.

3

TÉCNICA

REGLAS Y ESCUADRAS TRANSPARENTES

Existen muchos tipos de reglas y escuadras de distintas formas, dimensiones y numeración. Es importante que estos utensilios sean elegidos de la misma marca que la alfombrilla sintética graduada, en caso contrario es oportuno comprobar que la graduación sea siempre la misma. Para un buen equipo base, hay que disponer de:

- regla larga (por ejemplo de 60 x 15 cm) con graduación de ángulos de 30°, 45° y 60°;
- regla corta (por ejemplo de 30 x 3 cm).

Las reglas y las escuadras pueden limpiarse de eventuales manchas o pátinas debidas al uso, frotándolas suavemente con un trapo mojado en alcohol; nunca con acetona porque borraría la graduación.

Compás, escuadras y reglas transparentes.

TÉCNICA

ALFOMBRILLA SINTÉTICA GRADUADA

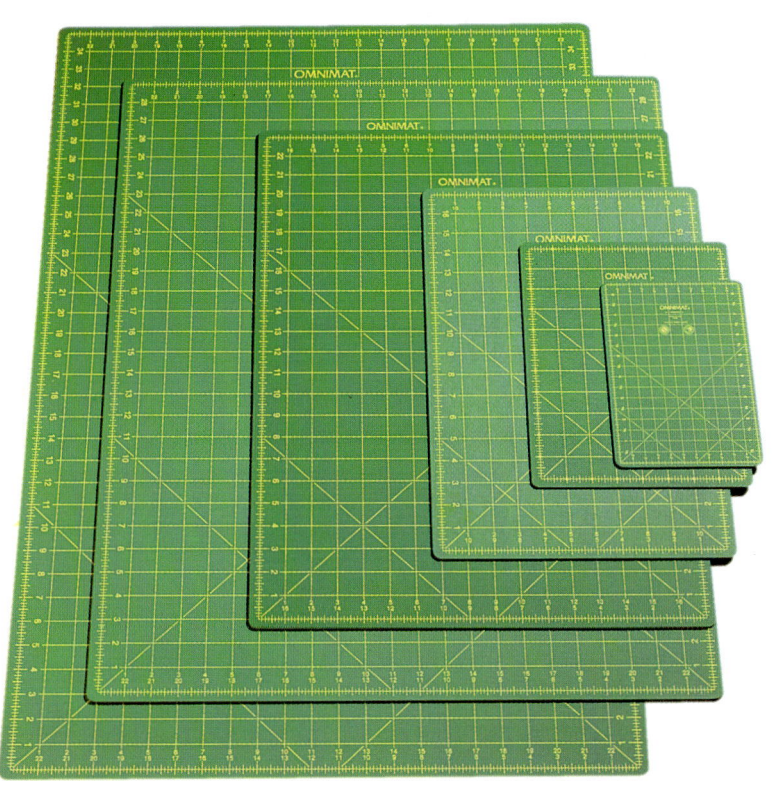

Alfombrillas sintéticas graduadas de distintas dimensiones, con una cara verde y otra gris, para facilitar el trabajo de cortar según sea el color de la tela.

Para cortar con la cuchilla circular es necesario utilizar la alfombrilla sintética; cortar sobre superficies de material distinto (como madera, cristal, linoleum u otros) provocaría daños irreparables: dañaríamos la cuchilla circular y la superficie sobre la que se trabaja, además el corte resultaría imperfecto.
Las alfombrillas se fabrican en distintas medidas, es preferible que la alfombrilla sea tan ancha como lo permita el lugar de trabajo, sin que sea necesario pensar en un formato gigante (como el de 240 x 120 cm) reservado sólo para trabajos especiales. Con una alfombrilla de 60 x 46 cm se puede hacer frente a distintas necesidades.
Entre la variedad de alfombrillas existentes es especialmente práctica la que tiene cada cara de un color, porque ofrece la posibilidad de trabajar por la cara que ofrece mayor contraste con la tinta de la tela que debemos cortar.
La alfombrilla puede limpiarse, sin que la graduación se borre, con un trapito mojado en detergente para lavar los platos y aclarar con agua fría. Es conveniente mantener la alfombrilla lejos de las fuentes de calor excesivo (como la plancha) y guardarla sobre una superficie plana, en un lugar que no sea ni frío ni caliente.

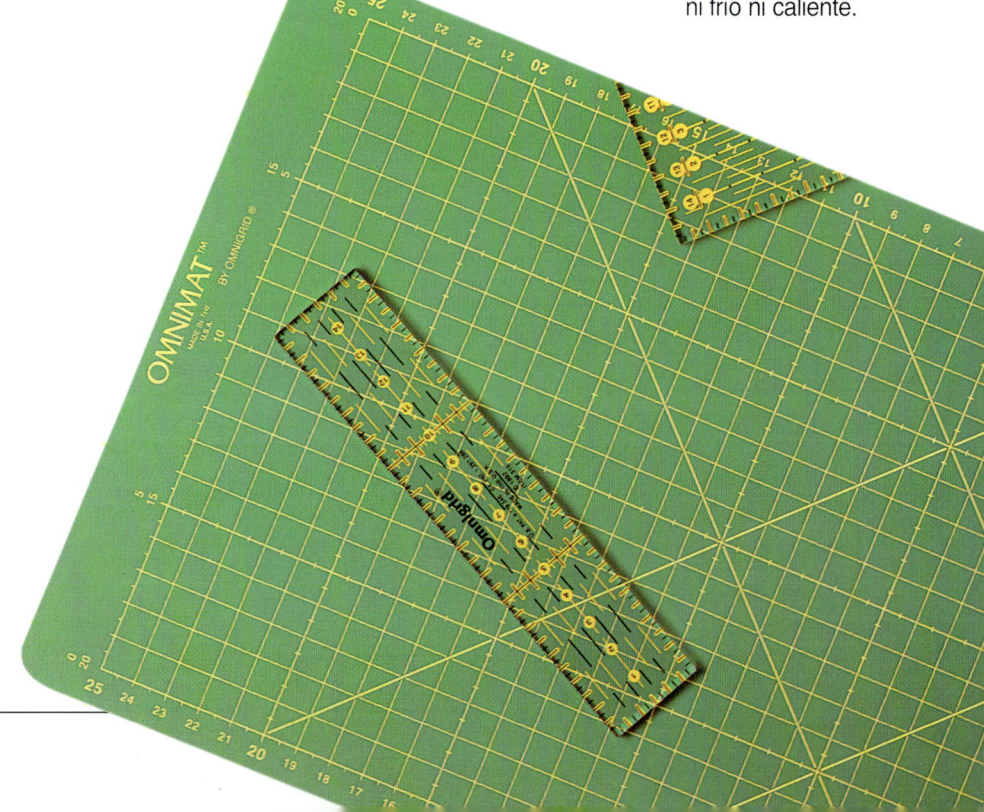

EL CORTE DE LAS PIEZAS

En el caso de necesitar un número limitado de piezas iguales para un determinado trabajo, conviene cortarlas individualmente de una pieza de tela, cuando, por el contrario, se necesitan muchas piezas iguales, el procedimiento más aconsejable consiste en llevar a cabo estas tres fases:
• cuadrar la tela,
• cortar las tiras,
• reducir las tiras en piezas de formas geométricas más pequeñas.

CUADRAR LA TELA

Es necesario siempre cuadrar la tela incluso en el caso de que haya sido rasgada al hilo e incluso cortada, porque casi nunca presentará las líneas de altura y anchura perfectamente perpendiculares, debido a la textura, al apresto, planchado u otros motivos. Imaginemos que disponemos de una tela de 110 cm de ancho. Teniendo en cuenta que el ancho de una tela es el que presenta menos elasticidad, las tiras se cortarán en este sentido. He aquí cómo hay que proceder:
• doblar la tela en el sentido de su longitud, haciendo coincidir perfectamente los dos orillos;
• colocar la alfombrilla graduada sobre el plano de trabajo en sentido vertical, y sobre ella, la tela con el lado que hay que cuadrar a la derecha;
• situar la regla haciendo coincidir un lado corto con el doblez de la tela;
• una ayuda posterior nos la puede proporcionar una escuadra colocada entre la regla y el borde inferior de la tela, ya que servirá para encontrar la posición ideal de la regla;
• apretar la regla con la mano izquierda y cortar con la derecha.
En el caso de que la tela que hay que cuadrar sea muy ancha, es necesario doblarla dos veces; se obtendrán así cuatro capas para cortar al mismo tiempo, lo cual no ofrece dificultad si se siguen las instrucciones que se han dado.

Cuadre de una tela de dos capas.

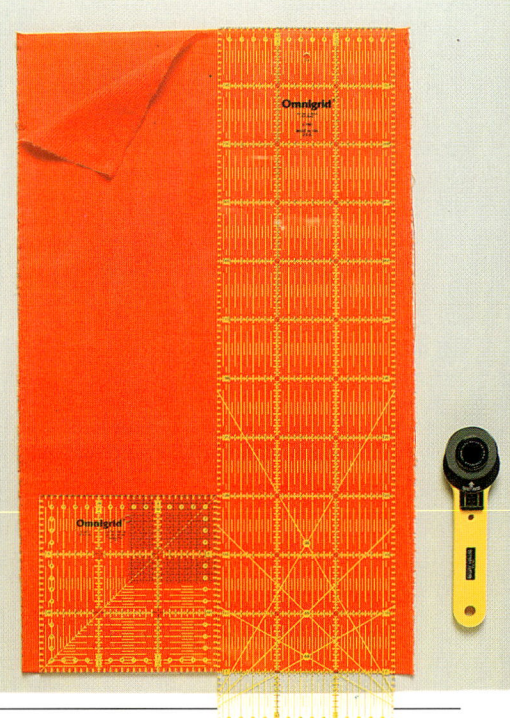

CORTE DE LAS TIRAS EN SENTIDO DEL HILO

Para cortar las tiras en el sentido del hilo es necesario:
- colocar sobre la alfombrilla sintética la tela cuadrada con el lado que hay que cortar a la izquierda, colocar la regla, calculando el ancho de la tira, apretar con la mano izquierda y cortar;
- volver a colocar la regla para cortar la tira siguiente.

Para calcular el ancho de la tira, hay que añadir el margen para las costuras (1,5 cm) a la pieza que queremos sacar. Si se pretende cortar varias tiras, es conveniente comprobar de vez en cuando que la tela esté bien cuadrada. Puede ocurrir, que una tira se presente ligeramente en forma de "V"; lo que significa que se ha perdido el cuadre y por lo tanto es necesario volver a cuadrar tal y como se ha explicado ya.

TÉCNICA

CORTE DE TIRAS AL BIES

Para cortar tiras al bies es necesario:
• cuadrar la tela;
• girar 180°;
• colocar la escuadra del bies sobre el lado vertical izquierdo de la tela, haciendo coincidir con éste la diagonal de la escuadra.

• colocar una regla larga junto a la escuadra y cortar el primer borde de la tira;

• quitar la escuadra, colocar la regla a la altura deseada para la tira y cortar el segundo borde.

Un sistema más sencillo para cortar al bies, consiste en colocar la regla de manera que coincida el borde inferior de la tela con la marca de 45° presente en la regla sin necesidad de utilizar la escuadra.

Si se dispone de poca tela, en lugar de cortar al bies perfecto, se puede cortar al bies impropio, utilizando como referencia sobre la regla, la marca del ángulo de 60°, en lugar de la marca de 45°.

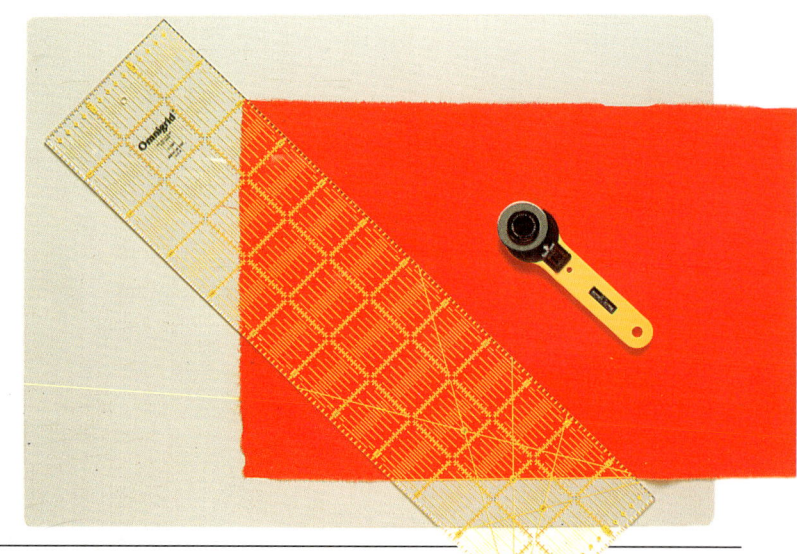

TÉCNICA

TRANSFORMAR LA TIRA EN PIEZAS

Para obtener de la tira numerosas piezas más pequeñas, es bueno mantener el eventual doblez de la tira; en efecto actuando sobre una tira de 2 ó 4 capas, a cada corte se obtendrán 2 ó 4 piezas al mismo tiempo.
Antes de dar las indicaciones para el corte de las piezas necesarias para realizar los proyectos de este libro, comentemos que las formas geométricas básicas son: el cuadrado, el rectángulo y el rombo. Partiendo de estas formas se pueden obtener: triángulos, rectángulos (del cuadrado) y exágonos (del rombo con dos ángulos de 60°).

TÉCNICA

CÓMO CORTAR EL CUADRADO

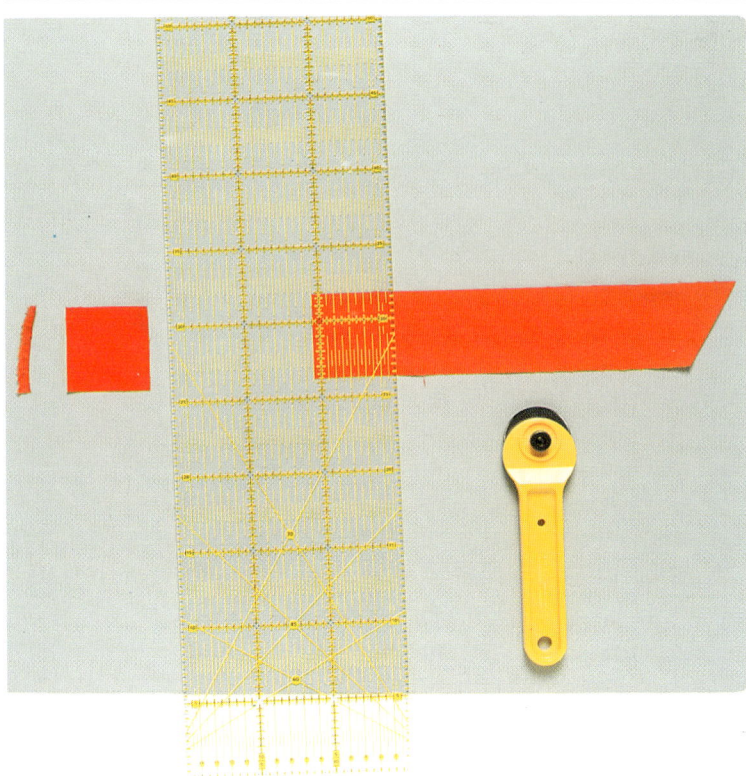

Para sacar un cuadrado de la tira es necesario hacer lo siguiente:
• disponer la alfombrilla sintética sobre la mesa en sentido horizontal y sobre ella, siempre horizontalmente, colocar la tira con el orillo a la derecha;
• cuadrar, eliminando totalmente el orillo;
• girar la alfombrilla 180°;
• colocar la regla a la medida deseada por el lado de la pieza cuadrada y cortar;
• cuadrar la tira cada vez que veamos que es necesario. En lugar de la regla, se puede usar la escuadra. Para calcular los márgenes de las costuras, es necesario añadir 0,75 cm en cada uno de los lados de la pieza. Si la pieza es de 4 cm de lado, tendremos que cortar cuadrados de 5,5 cm de lado.

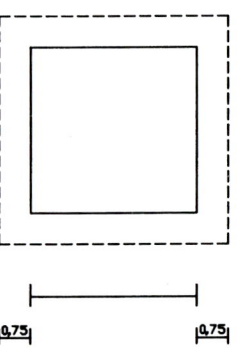

CÓMO CORTAR TRIÁNGULOS EN UN CUADRADO

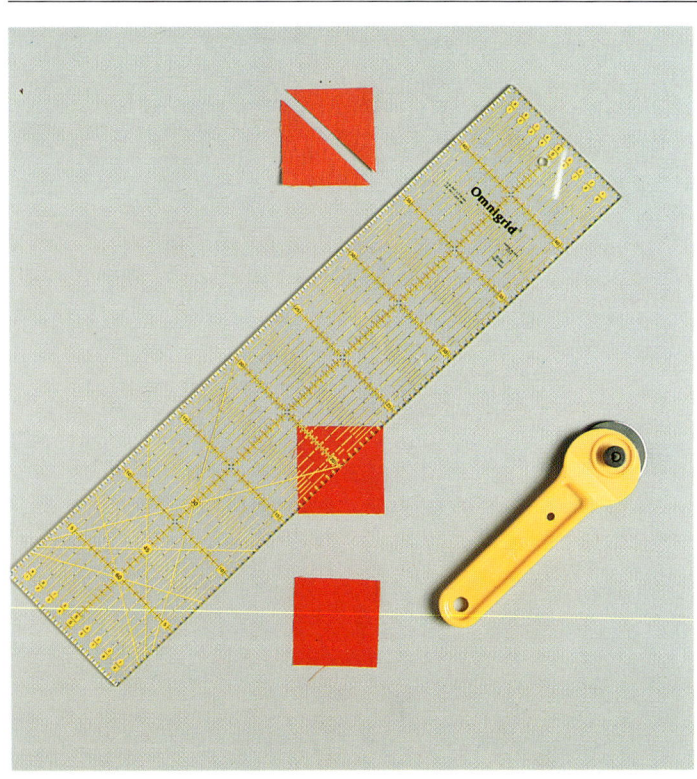

Para conseguir un triángulo rectángulo de un cuadrado, basta cortar el cuadrado a lo largo de su diagonal. Los triángulos, en este caso dos, tienen dos lados cortos en el sentido del hilo y uno más largo al bies. Para calcular los márgenes de las costuras (y por tanto el lado del cuadrado que nos sirve de punto de partida) es necesario añadir 2,5 cm a la medida de un lado corto de la pieza triangular acabada.
Si el lado corto de la pieza una vez cortado es de 4 cm, el lado de la pieza para cortar deberá ser de 6,5 cm (es decir 4 + 2,5 cm).

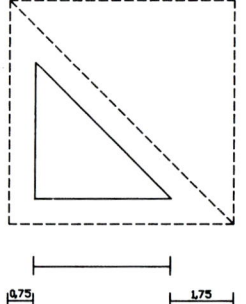

CÓMO CORTAR UN TRIÁNGULO EN UN CUARTO DE CUADRADO

Para conseguir triángulos rectángulos de un cuarto de cuadrado, basta con cortar el cuadrardo por sus dos diagonales.
Los triángulos obtenidos tienen los dos lados cortos al bies y uno recto en sentido del hilo.
Para calcular los márgenes para las costuras, y por tanto el lado del cuadrado que nos sirve de punto de partida, es necesario añadir 3,5 cm a la medida de la pieza que deseamos. Si el lado largo de la pieza acabada es de 5 cm, el lado del cuadrado que hay que cortar será de 8,5 cm (5 + 3,5 cm).

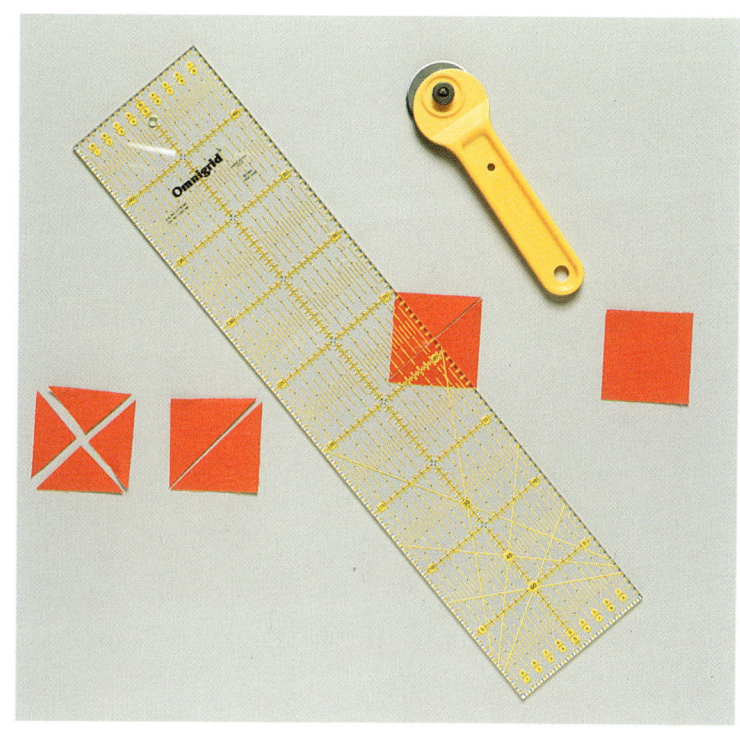

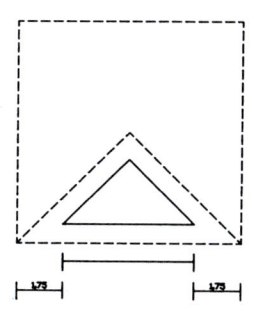

CÓMO CORTAR EL RECTÁNGULO

El rectángulo se saca de la tira con el mismo método que se utiliza para el cuadrado; la única diferencia consiste en colocar la regla en la medida adecuada para obtener la base del rectángulo, en lugar del lado del cuadrado.

Para calcular los márgenes de las costuras es necesario añadir 0,75 cm alrededor de los lados del rectángulo. Si la pieza acabada es de 4 x 8 cm, habrá que cortar un rectángulo de 5,5 x 9,5 cm (es decir 4 + 1,5 x 8 + 1,5 cm).

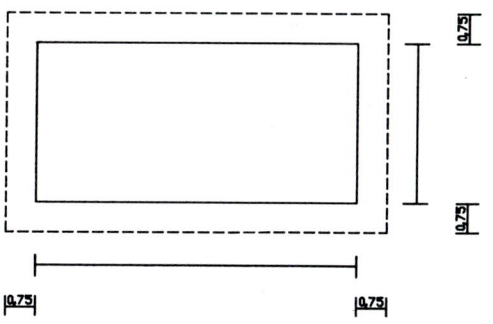

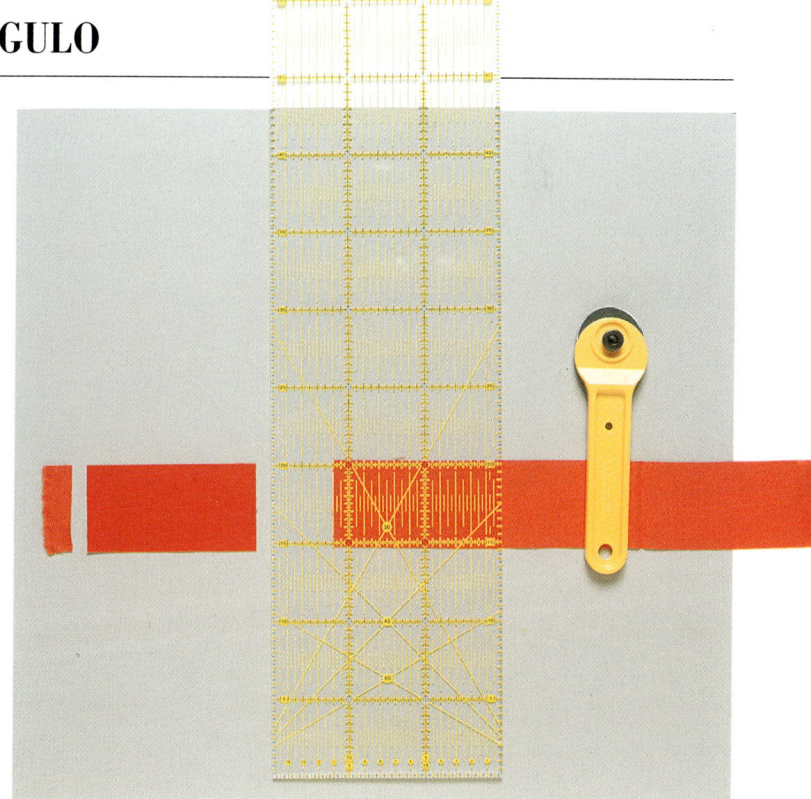

TÉCNICA

CÓMO CORTAR EL ROMBO

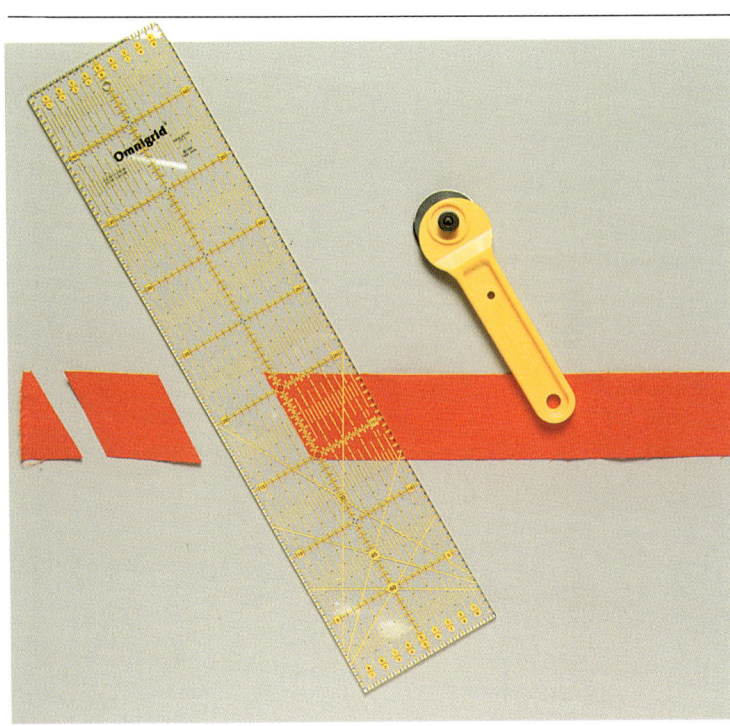

Para sacar un rombo de la tira de tela hay que utilizar la regla con las marcas de los ángulos de 30°, 45°, y proceder así:
• colocar la tira sobre la alfombrilla sintética;
• colocar la regla inclinándola según la marca del ángulo que se desea y realizar el primer corte;
• colocar la regla a la altura del rombo, paralela al primer corte y efectuar el segundo corte.
Para calcular los márgenes de las costuras, es necesario añadir 0,75 cm a cada uno de los lados de la pieza acabada. Si la altura de la pieza es de 5 cm, la altura de la pieza a cortar será de 6,5 cm.

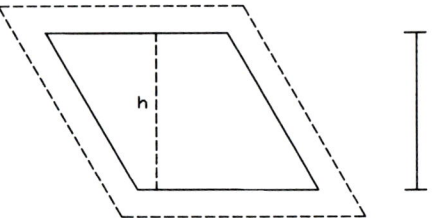

CÓMO CORTAR EL EXÁGONO

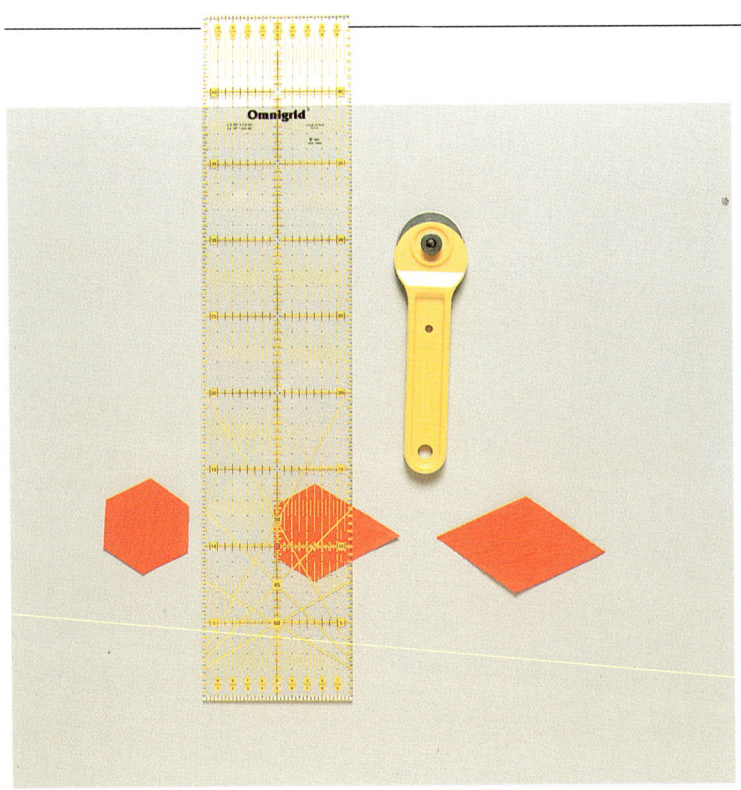

Para conseguir el exágono, hay que cortar los dos ángulos agudos de un rombo (60°), y proceder de la siguiente manera:
• colocar el rombo, en posición vertical, sobre la alfombrilla;
• dividir en dos la medida y situar la regla de forma que la marca se sitúe entre los vértices de la diagonal vertical del rombo;
• cortar la porción del ángulo que se halla a la derecha;
• girar el alfombrilla 180°, situar la regla y cortar el segundo ángulo.
Para calcular los márgenes de las costuras, añadir 1,5 cm a la medida de la altura de la pieza. Si la pieza final debe tener 4 cm de altura, la que tendremos que cortar debe tener 5,5 cm.

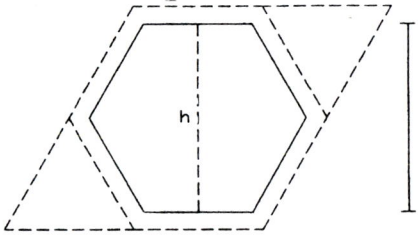

MÉTODO ALTERNATIVO DEL CORTE

Si se desean evitar los cálculos matemáticos necesarios para cualquier corte, además de tener en cuenta las marcas de la regla, se puede utilizar el método de usar una plantilla de papel debajo de la regla. El sistema es válido para el corte de piezas de varios lados, como el exágono y el octágono. Para ello se debe proceder así:
• preparar la plantilla de papel con la forma y las dimensiones deseadas para la pieza (incluidos los márgenes de las costuras);
• pegar la plantilla debajo de la regla con cinta adhesiva:
• colocar la regla sobre la tela y cortar un lado;
• girar la regla y colocarla de manera que coincidan los otros lados con el borde de la tela y cortar;
• girar la regla y cortar los otros lados.

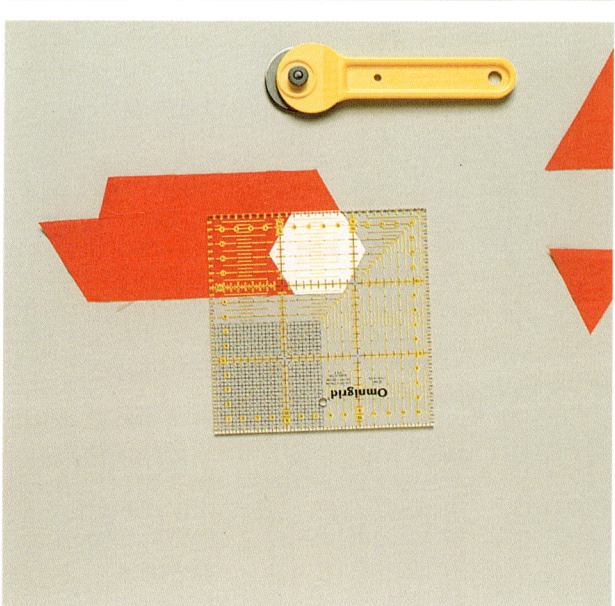

COSIDO

Ingenuos huevos de pascua realizados en Patchwork con el método inglés-americano. (M. P. Vettori)

En el método de trabajo "Fácil y Rápido" la segunda protagonista, junto a la cuchilla circular, es la máquina de coser. Coser a máquina es sin duda un significativo paso hacia delante con respecto al interminable cosido a mano, pero más innovador es coser sin tener que trazar antes sobre cada pieza los márgenes.

Para quien está acostumbrado a trazar líneas que ayuden en la costura, puede parecerle imposible trabajar sin ellas pero, si se domina bien la máquina de coser, la cosa es muy fácil de realizar cuando las piezas son muy exactas en sus medidas.

LA MÁQUINA DE COSER

Entre los distintos modelos que la tecnología moderna ha lanzado al mercado, algunos son especialmente adecuados para hacer el Patchwork (válidos por ejemplo, incluso para el acolchado) pero, si se desea utilizar la que ya se posee, no hay problema; realizando una pequeña adaptación cualquier máquina se convierte en apta para este trabajo.

Para un buen uso de la máquina es necesario:
• regular el dispositivo que da la tensión justa al hilo según el tipo de tela que se usa;
• regular la longitud de la puntada que, para tejidos normales de algodón, será de 4 ó 5 puntos por centímetro;
• utilizar una aguja fina y siempre bien afilada.

Existen varios sistemas para calcular el margen de las costuras que se desea según sea la máquina. Algunas máquinas tienen una variada serie de marcas sobre la chapa metálica debajo del prensatelas, comprobar si existe la línea que esté a 0,75 cm del punto donde se introduce la aguja en la tela (se puede hacer la

TÉCNICA

comprobación en un trozo de papel milimetrado), o bien una regla y comprobar si a la distancia de 0,75 cm corresponde una marca sobre la placa metálica.
Si esta marca no existe, se puede:
• cambiar la placa por otra que tenga la marca deseada;
• hacerse con un prensatelas de un ancho tal que pueda servir de guía para el margen de 0,75 cm;
• desplazar la aguja de la posición central y comprobar si se obtiene la distancia de 0,75 cm (este desplazamiento es seguramente posible en las máquinas preparadas para el punto en zig-zag);
• aplicar sobre la placa, a la distancia de 0,75 cm, una cinta adhesiva que sirva de guía.
Una vez preparada la máquina para el tipo de costura deseado, hay que prestar especial atención en la exactitud de los márgenes, y proceder a la confección en Patchwork, de igual manera que con cualquier otro método de costura.

COSIDO EN CADENA

En caso de tener que confeccionar muchos bloques iguales, es conveniente prepararlos en serie, es decir en cadena, mediante un sistema que evita el que se desaproveche tiempo e hilo.
Al empezar la cadena es aconsejable coser un trocito de tela doblado en dos o más capas, para evitar que la máquina haga alguna puntada irregular al comienzo (se dice que la máquina "se come" las puntadas), después, sin cortar el hilo, introducir dos piezas unidas derecho contra derecho, y coserlas. Las más expertas lograrán no levantar el prensatelas entre una pieza y otra; para un posterior ahorro de tiempo e hilo.
El hecho de no cortar el hilo después de cada pieza evitará, entre otras cosas, tener el lugar de trabajo lleno de trocitos de algodón que inevitablemente acabarían invadiendo toda la casa lo que nunca resulta agradable.
Al final de la cadena, introducir también otro trocito de tela doblado en varias capas, coserlo y cortar el hilo delante de este trocito, de manera que se quede sobre la máquina para poder iniciar la cadena siguiente.
Para ganar tiempo, es bueno planchar los bordes de las piezas antes de cortar el hilo que las une. Para confeccionar un *quilt* de gran tamaño con bloques, es aconsejable cortar y coser un primer bloque, que servirá de muestra, después proceder a cortar en serie y a coser en cadena todos los demás bloques.

PLANCHADO

En lo referente a la plancha es necesario hacer algunas consideraciones:
• es conveniente planchar cada costura antes de unirla a la costura siguiente, se pueden estirar los bordes presionando con la uña del dedo, sin tener necesidad de recurrir a la plancha continuamente;
• volver los bordes hacia la cara más oscura, en caso de que la pieza de color claro pueda hacerlos visibles;
• volver los márgenes hacia un mismo lado hace que el trabajo sea más resistente;
• planchar una costura con los bordes abiertos hace el trabajo más fácil y estéticamente más apreciable, especialmente si el acolchado va paralelo a la costura, el relleno podría emerger entre un punto y otro;
• planchar los márgenes abiertos disminuye la solidez del trabajo, especialmente si éste es de grandes dimensiones;
• volver los márgenes hacia la parte del tejido más ligero (en el caso de que en una misma confección coexistan telas de distinto peso o consistencia) hace el trabajo más fácil y homogéneo;
• es indispensable volver todos los bordes a un mismo lado en el caso de que el cosido se haga en forma radial como en la "Lemon Stella";
• volver todos los márgenes de una tira de piezas hacia la derecha y hacia la izquierda todas las de la tira sucesiva, evitar tener que coser sobre cuatro capas en el momento en el que las tiras se unirán.
Después de haber dejado constancia de las distintas sugerencias que a veces pueden parecer contradictorias, la experiencia será la mejor guía para decidir cuál es el método para planchar más adecuado en cada caso.

OTROS USOS POSTERIORES DE LA CUCHILLA CIRCULAR

Hasta este momento hemos presentado el sistema para cortar con la cuchilla circular simples figuras geométricas, que después son combinadas, cosidas y planchadas con una progresión semejante a la de los métodos tradicionales. Existe sin embargo un método de trabajo innovador en el que las fases de corte, costura y planchado siguen un orden diferente; se trata del método de tiras al bies, que permite confeccionar numerosos motivos Patchwork de una manera muy rápida y fácil. Muchos dibujos tradicionales (como "Cestitas" o la "Estrella de California") contienen un cuadrado formado por dos triángulos cuyos lados cortos están cortados al hilo de la tela, y el lado largo corresponde al del bies.

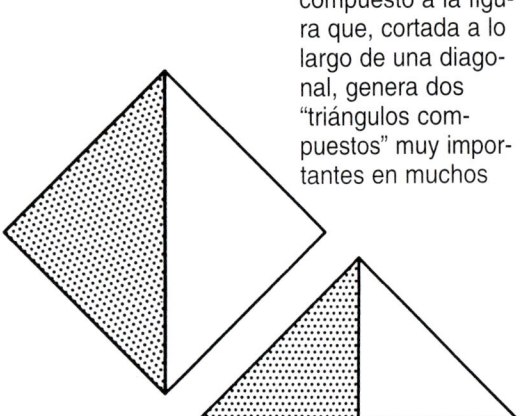

Llamamos cuadrado compuesto a la figura que, cortada a lo largo de una diagonal, genera dos "triángulos compuestos" muy importantes en muchos motivos clásicos (como la "Estrella de Ohio" y el "Juego de cartas"). Utilizando el método en el que la tela se corta en tiras al bies, se pueden preparar cuadrados y triángulos compuestos con sorprendente rapidez y velocidad. Con serenidad puede uno prepararse para realizar estos fantásticos *quilts* "King Size" que, si se realizan con los métodos tradicionales, pueden resultar imposibles de afrontar.
Para obtener cuadrados y triángulos compuestos es necesario:
• cortar la tela en tiras al bies;
• sacar de estas tiras los cuadrados compuestos;
• y de estos cuadrados sacar los triángulos compuestos.

Motivo "Estrella de California" (Le Rouvray).

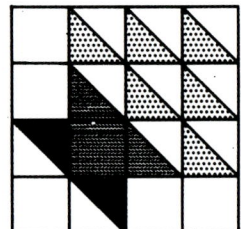

Cestito.

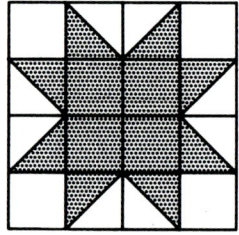

Estrella de California.

Estrella de Ohio.

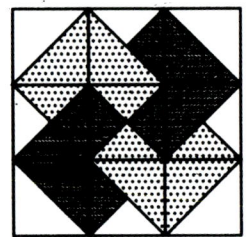

Juego de cartas.

TELA CORTADA EN TIRAS AL BIES

Para confeccionar el tejido en tiras, se pueden cortar primero las tiras de un mismo color y después las de otro color y al final coserlas y plancharlas. Es más sencillo y más rápido cortarlas juntas, con las dos telas superpuestas. He aquí cómo hay que proceder:
• superponer las dos telas de color diferente, derecho contra derecho, colocarlas sobre la alfombrilla sintética en sentido horizontal;
• cortar las tiras al bies;
• coser un lado de las dos tiras superpuestas dejando un margen de 0,75 cm;
• planchar las costuras, mejor si las abrimos.

Tapete para mesa realizado con tiras.

TÉCNICA

CÓMO CORTAR CUADRADOS COMPUESTOS

Una vez preparada la tela en tiras, es necesario:
• tener la tela cosida y planchada sobre la alfombrilla sintética, con el derecho hacia arriba;
• escuadrar la tela, es decir, colocar la escuadra para el bies en la parte superior de la tira (con la diagonal sobre la costura) y cortar los primeros dos lados del cuadrado.

• Girar la alfombrilla 180°, colocar la escuadra sobre la parte inferior de las tiras (haciendo coincidir la diagonal con la costura) y cortar los otros dos lados del cuadrado;
• para cortar el cuadrado siguiente, girar de nuevo la alfombrilla 180° y cortar los primeros dos lados de arriba, después volver a girar la alfombrilla y cortar los otros dos que están abajo;
• proceder de la misma manera para cortar todos los demás cuadrados.

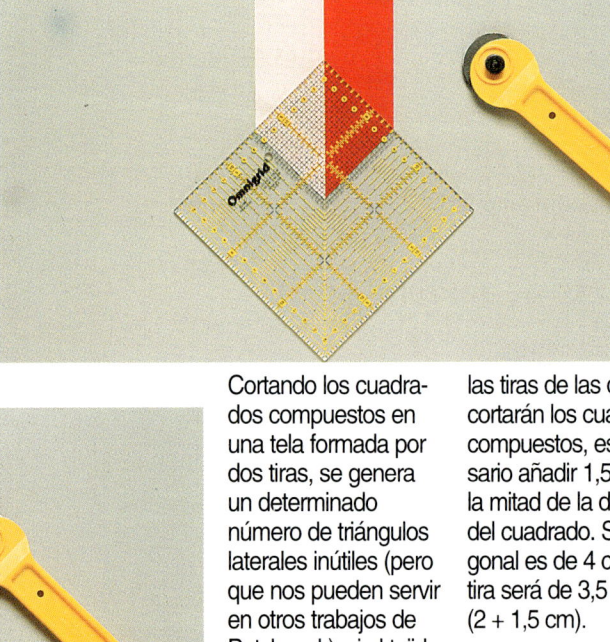

Cortando los cuadrados compuestos en una tela formada por dos tiras, se genera un determinado número de triángulos laterales inútiles (pero que nos pueden servir en otros trabajos de Patchwork); si el tejido está formado por varias tiras, los triángulos que no sirven resultan proporcionalmente menos numerosos, por tanto esta solución es más conveniente. Para calcular la anchura de las tiras de las que se cortarán los cuadrados compuestos, es necesario añadir 1,5 cm a la mitad de la diagonal del cuadrado. Si la diagonal es de 4 cm, la tira será de 3,5 cm (2 + 1,5 cm).

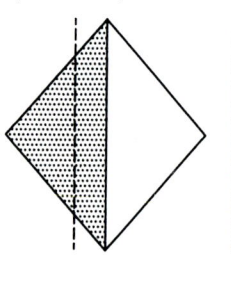

CÓMO CORTAR TRIÁNGULOS COMPUESTOS

Para obtener los triángulos compuestos basta cortar un cuadrado compuesto a lo largo de la diagonal perpendicular a la costura.

TIRAS DE TELA EN SENTIDO DEL HILO

La confección del tejido en tiras en sentido del hilo es más sencillo que hacerlo al bies, y permite ahorrar tela; por tanto esto es lo más aconsejable. Se pueden confeccionar con tiras en sentido del hilo los mismos motivos de Patchwork que generalmente se hacen con tiras cortadas al bies, teniendo en cuenta algunos factores, como por ejemplo:
• que las piezas necesarias no sean muy grandes;
• que en los lados del bies se haya hecho una costura a máquina (antes de unirlas a otras tiras), lo que reducirá su elasticidad;
• que los lados del bies estén unidos a otros en sentido del hilo, lo que contribuye a estabilizarlos;
• que las telas sean especialmente compactas para evitar que cedan;
• que la dirección del pespunte mantenga la forma de las piezas;
• que el trabajo no esté destinado a ser colgado, ni tenga dimensiones demasiado grandes.
Es la experiencia la que nos ayudará a juzgar en cada caso cuándo utilizar tiras en sentido del hilo o cortadas al bies sin crear problemas.

Pequeño saco decorado al estilo "Log Cabin".

MÉTODOS DE REALIZACIÓN

Entre los distintos métodos que existen para hacer Patchwork, a veces combinados entre sí en una misma realización, los más importantes son:
• método americano,
• método inglés,
• método Appliqué.

Por método americano se entiende el trabajo en el que las piezas de tela se marcan con lápiz y se cortan con tijeras o que son cortadas con la cuchilla circular sin hacer ninguna marca; después se cosen, derecho contra derecho, a mano o a máquina. Por método inglés se entiende el trabajo basado sobre plantillas de papel que se cosen en las piezas a mano, con punto por encima. Por método Appliqué o aplicado, se entiende cuando el trabajo se realiza uniendo las piezas por superposición, es decir, una sobre otra y cosidas a mano o a máquina. Siendo el primer método el objeto de este manual, presentaremos brevemente los otros dos.

Almohadón realizado según el método americano.

MÉTODO INGLÉS

Este método es especialmente adecuado para trabajar pequeñas piezas geométricas que no sean curvilíneas.
Se necesita:
• cortar los patrones de papel en la forma deseada;
• cortar la pieza de tela, que comprenda los márgenes de las costuras (de 0,5 a 1 cm);
• prender el patrón con un alfiler y volver los bordes, hilvanar y planchar;
• unir dos piezas así preparadas derecho contra derecho y coser un lado con puntadas menudas sin coser el papel, reforzando la costura con un punto atrás al principio y al final de cada lado;
• coser las demás piezas lado por lado;
• planchar;
• eliminar el hilván y el papel y volver a planchar.

Pequeño saquito realizado con exágonos. (G. Berti)

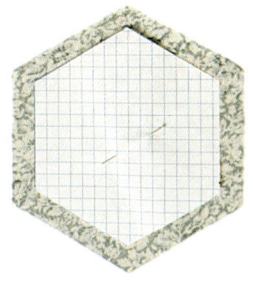  

Patrón de papel prendido con un alfiler sobre la pieza.

Pieza con los bordes vueltos del revés e hilvanados.

Piezas unidas con pequeñas puntadas.

Más piezas unidas hasta formar el motivo "Grandmother's Flower Garden" (Jardín Florido de la abuela).

TÉCNICA

MÉTODO APPLIQUÉ

Este método es especialmente práctico para trabajar con piezas curvilíneas.
Se necesita:
• cortar el patrón de papel con la forma deseada;
• cortar la pieza de tela, que comprenda los márgenes para las costuras (desde 0,5 a 1 cm);
• prender con un alfiler el patrón sobre la pieza y volver los bordes, hilvanar y planchar (en los puntos en los que la figura presenta una curva convexa acentuada hacer algunos cortes que permitan hacer el doblez del margen sin que éste tire); en los puntos en los que la figura presenta una curva cóncava, hilvanar; tirando del hilo al final, se crea un fruncido que perfila el borde a la perfección para poder hilvanar;
• planchar y quitar el hilvan y el papel;
• apoyar la aplicación obtenida sobre la tela base, prenderla con alfileres, hilvanar si es necesario, coser a mano con dobladillo (o bien a máquina con punto líneal, zig-zag o cordoncillo);
• quitar el hilván y planchar de nuevo.

Agarraderos de cocina con aplicaciones hechas a máquina. (G. Berti)

TÉCNICA

Quilt *para bebé realizado con aplicaciones en forma de "conchas" cosidas con punto de dobladillo sobre una tela base.*

TÉCNICA

"LOG CABIN"

Una mención aparte merece el trabajo del más famoso motivo "Log Cabin" formado por nueve piezas dadas la vuelta y planchadas.
Este dibujo muy variado y de un efecto especial, es bastante fácil de realizar y puede ser confeccionado de varias maneras:
• sobre una tela base, para dar una mayor consistencia al trabajo acabado; si la tela soporte está cuadriculada, será una guía muy buena para las costuras, que deben resultar perfectamente paralelas entre sí;
• sobre papel cuadriculado, que sirve de guía y que después se eliminará una vez finalizado el trabajo;
• sin utilizar base alguna.
Presentamos el 1º método que resulta también orientativo para los otros dos.
Se necesita:
• cortar de la tela cuadriculada el cuadrado base (con las dimensiones del cuadrado "Log Cabin";
• de la tela de colores y dibujos variados, cortar tiras de la misma longitud;
• cortar un cuadrado para la pieza central (nº 1);
• en el centro del cuadrado base, prender con un alfiler la pieza nº 1 y sobre ésta, derecho contra derecho, la 2ª pieza, con un lado que coincida con uno del cuadrado;
• coser (a mano o a máquina) dejando un margen de 0,75 cm;
• dar la vuelta a la pieza nº 2 y planchar o bien aplastar con la uña;
• sobre los lados adyacentes de las piezas nº 1 y nº 2, prender con alfileres y coser, dar la vuelta y planchar a la pieza nº 3.
• sobre los lados adyacentes de las piezas nº 2 y nº 3 prender con alfileres, dar la vuelta, coser y planchar la pieza nº 4 y así sucesivamente con las demás piezas, hasta lograr el tamaño deseado para el cuadrado "Log Cabin". En lugar de unir a las precedentes las piezas ya cortadas en su longitud necesaria, resulta más rápido unir una tira entera que se irá cortando en la longitud deseada después de haberla cosido.

Primera pieza prendida con un alfiler en el centro del cuadrado base con las diagonales marcadas.

Segunda pieza prendida con un alfiler sobre la primera.

Tercera pieza cosida sobre la precedente y dada la vuelta.

Octava pieza cosida sobre las precedentes y dada la vuelta.

"Log Cabin" formado por nueve piezas dadas las vuelta y planchadas.

Abajo, un cubrecama de cuadros "Log Cabin", en una disposición clásica que forma franjas oscuras y claras.

Un pequeño saco adornado con recuadros de "Log Cabin".

PROYECTOS

En la elección de los proyectos he escogido los motivos más clásicos, aquellos que con mayor frecuencia aparecen a lo largo de la historia del Patchwork. Desde las sencillas composiciones de cuadrados y triángulos, al "Log Cabin", a la casita, etc., mi intención es acompañar a quien se acerca a este tipo de labor por primera vez, de una manera gradual, recorriendo las distintas etapas del Patchwork, prestando atención especial a su difusión en tierras británicas y americanas.

Los 12 primeros proyectos presentan motivos básicos del Patchwork, primero en forma de sencillos bloques, después en pequeñas realizaciones y finalmente, reunidos y compuestos hasta formar un pequeño "Sampler quilt" (ver proyecto en p. 90).

El mejor sistema para progresar en esta técnica de Patchwork es el de empezar realizando trabajos sencillos, para ir progresivamente acercándose a otros más complejos. Un consejo que me siento en el deber de dar, es el de componer un bloque completo, antes de afrontar un *quilt* y para que ese primer bloque no sea algo inútil, lo podemos aprovechar y utilizarlo en un pequeño trabajo, como por ejemplo un agarradero de cocina, un saquito o cualquier otra cosa, muy agradable para personalizar la casa, o como regalo para quien envidia nuestras creaciones.

Entre los primeros proyectos, aparecen un determinado número de sugerencias para llevarlos a cabo. Junto a las realizaciones específicas para crear siguiendo el método americano, he presentado otras con los métodos inglés y *Appliqué*, que pueden ser realizadas con el método "Fácil y Rápido" gracias al uso de la cuchilla circular.

IMPORTANTE
Acordaos de que las medidas que se dan en el texto NO comprenden los márgenes para las costuras. Por tanto no olvidéis nunca añadir la medida de las costuras.

BLOQUE CON HOJA

SE NECESITA
Telas de fantasía en rojo y azul claro para el motivo.
Tela verde para el tallo.
Tela de cuadraditos rojos para el borde.
Tela azul claro con dibujos grandes para el borde.

DIMENSIONES
24 x 24 cm (30 x 30 cm con el borde).

PROYECTOS

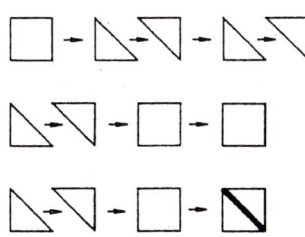 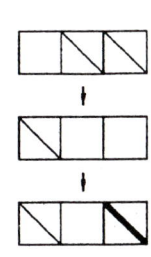 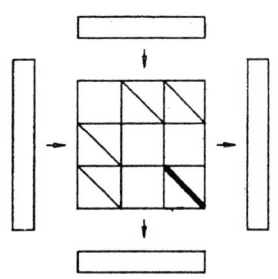 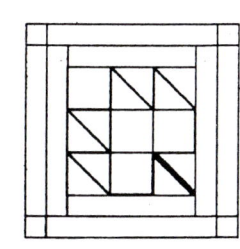

ELABORACIÓN

- En los tejidos de fantasía rojo y azul claro, cortar cuadrados de 6 x 6 cm y triángulos rectángulos de 6 x 6 cm para el motivo central y el fondo;
- en la tela verde cortar una tira de 1 cm de ancho para el tallo, remeter los bordes y coserlo sobre la diagonal de un cuadrado del fondo;
- unir los cuadrados y los triángulos para formar tiras horizontales;
- unir estas tiras verticalmente para formar el recuadro central;
- unir el 1er borde (de 3 cm) al recuadro;
- cortar tiras (de 3 cm) y cuadrados (de 3 x 3 cm) para el 2º borde;
- unir el 2º borde y rematar.

Agarraderos de cocina con hoja.

BLOQUE CON CUADRADOS

SE NECESITA
Tela de colores y dibujos diferentes para el motivo.
Tela de cuadraditos rojos y blancos para el borde.
Tela azul claro de dibujos grandes para el borde.

DIMENSIONES
24 x 24 cm (30 x 30 cm con el borde).

PROYECTOS

ELABORACIÓN

- En la tela de fantasía, cortar tiras (de 2,5 cm de ancho) y cortar cuadrados (de 2,5 x 2,5 cm);
- situar los cuadrados combinando las tintas para crear el motivo "Viaje alrededor del mundo";
- unir los cuadrados hasta formas tiras horizontales;

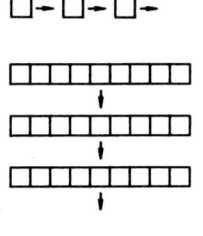

- unir estas tiras verticalmente para componer el panel central;
- cortar tiras (de 3 cm de ancho) y cuadrados (de 3 x 3 cm) para el borde;
- unir el borde al recuadro de cuadrados y rematar.

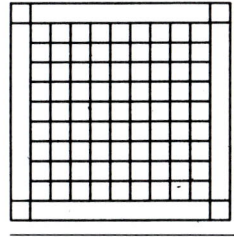

Manopla para horno y agarraderos con una composición de cuadrados.

BLOQUE CON MOTIVO "MANTEQUERA"

SE NECESITA
Tela con cuadraditos rojos y blancos para el motivo principal.
Tela de fantasía azul claro para el fondo.
Tela de fantasía azul claro con motivos grandes para el borde.

DIMENSIONES
24 x 24 cm (30 x 30 cm con el borde).

PROYECTOS

Agarraderos de cocina con diseño tipo "mantequera", con el motivo figurativo en la pieza central.

ELABORACIÓN

- Cortar rectángulos de 8 x 4 cm, triángulos rectángulos (8 x 8 cm) y un cuadrado de 8 x 8 cm;
- unir los triángulos entre sí, los rectángulos también entre sí para formar los cuadrados 8 x 8 cm;
- unir estos cuadrados para formar las tiras horizontales;
- unir las tiras verticalmente para formar el recuadro;
- cortar tiras de 3 cm de ancho y cuadrados de 3 x 3 cm para el borde;
- Unir el borde al recuadro y rematar.

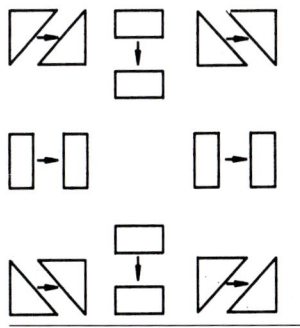 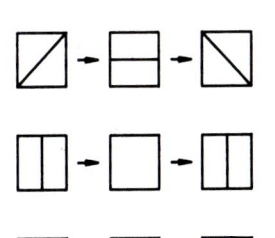 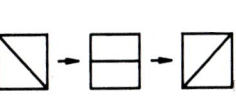 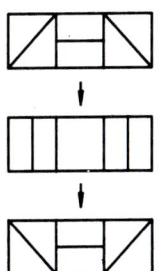 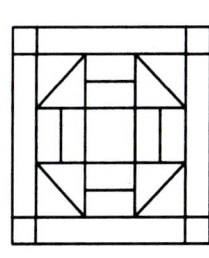

BLOQUE CON TIRAS DE TELA

SE NECESITA
Telas en tres tonalidades de azul claro para el motivo.
Telas de cuadritos rojos y blancos para el borde.
Tela azul claro con motivos fantasía grandes para el borde.

DIMENSIONES
24 x 24 cm (30 x 30 cm con el borde).

PROYECTOS

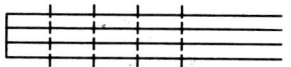

 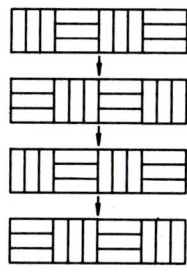 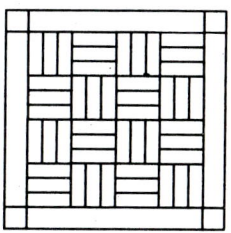

Saquito de felpa decorado con el motivo "Barrera".

ELABORACIÓN

- De las telas en tres tonalidades de azul claro cortar tiras de 3 cm de ancho y unirlas hasta formar el tejido de tiras;
- a continuación, en esta tela, cortar cuadrados de 6 x 6 cm y unirlos en tiras horizontales;
- unir estas tiras verticalmente para componer el recuadro central;
- cortar tiras de 3 cm de ancho y cuadrados de 3 x 3 cm para los bordes;
- unir el borde al recuadro central y rematar.

BLOQUE CON BARQUITA

SE NECESITA
Tela de fantasía roja para la barca.
Tela de fantasía azul claro para el fondo.
Tela de cuadritos rojos y blancos para las velas.
Tela de fantasía pequeña y grande para el borde.

DIMENSIONES
24 x 24 cm (30 x 30 cm con el borde).

PROYECTOS

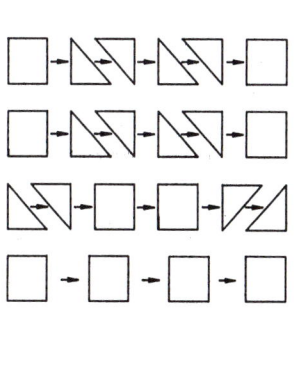
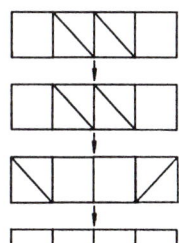
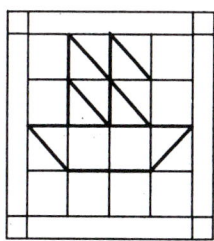

Delantal de cocina con un motivo de barquita.

ELABORACIÓN

- Cortar cuadraditos de las telas roja y azul claro de 6 x 6 cm y triángulos rectángulos de 6 x 6 cm para el motivo y el fondo;
- unir triángulos y cuadrados para hacer tiras horizontales;
- unir estas tiras verticalmente para formar el cuadro central;
- cortar tiras de 3 cm de ancho y cuadrados de 3 x 3 cm para los bordes;
- unir los bordes al cuadrado central y rematar.

BLOQUE CON TRIÁNGULOS

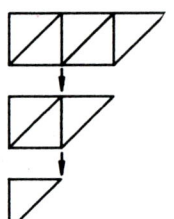
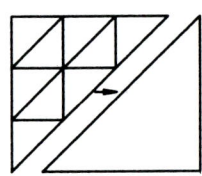
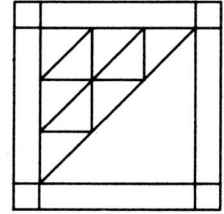

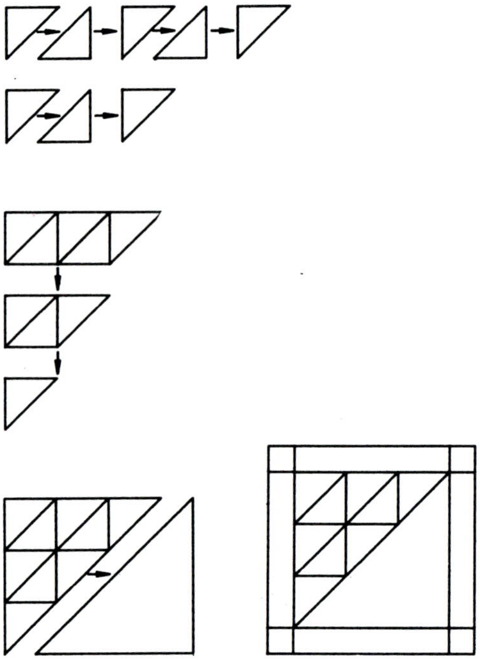

SE NECESITA
Telas de colores y dibujos variados para el cuadrado central.
Tela de cuadraditos rojos y blancos para el borde.
Tela azul claro de fantasía grande para el borde.

DIMENSIONES
24 x 24 cm (30 x 30 cm con el borde).

PROYECTOS

Acericos y mantel americano realizados con una composición de triángulos.

ELABORACIÓN

- Cortar triángulos pequeños de 8 x 8 cm y uno grande de 24 x 24 cm;
- unir los triángulos pequeños para formar tiras horizontales;
- unir estas tiras verticalmente para formar un triángulo rectángulo de 24 x 24 cm;
- unir el triángulo Patchwork al triángulo de tela hecho en una sola pieza para componer el recuadro central;
- cortar tiras de 3 cm y cuadrados de 3 x 3 cm para el borde;
- unir el borde al recuadro central y rematar.

BLOQUE "CUADRADO DENTRO DEL CUADRADO"

SE NECESITA
Telas de cuadraditos y de fantasía para el motivo central.
Tela de cuadraditos para el borde.
Tela de fantasía grande para el borde.

DIMENSIONES
24 x 24 cm (30 x 30 cm con el borde).

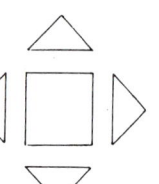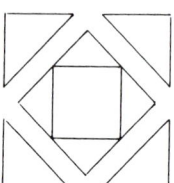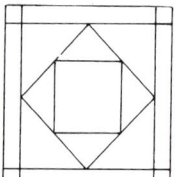

PROYECTOS

Delantal y agarraderos de cocina con el motivo "Cuadrado dentro del cuadrado".

ELABORACIÓN

- En la tela azul clara de cuadritos cortar un cuadrado de 12 x 12 cm;
- de la tela roja cortar triángulos rectángulos de 8,5 x 8,5 cm;
- de la tela azul claro de fantasía, cortar triángulos rectángulos de 12 x 12 cm;
- unir los triángulos rojos a los lados del cuadrado para formar un cuadrado más grande de 17 x 17 cm;
- a los lados de este cuadrado, unir los triángulos azul claro para formar el cuadrado final;
- cortar tiras de 3 cm de ancho y cuadrados de 3 x 3 cm para los bordes;
- unir el borde al recuadro central y rematar.

BLOQUE CON CESTITO

SE NECESITA
Telas de fantasía roja, azul claro y azul para el motivo y el fondo.
Tela de cuadritos rojos y blancos para el borde.
Tela azul celeste de fantasía grande para el borde.

DIMENSIONES
24 x 24 cm (30 x 30 cm con el borde).

PROYECTOS

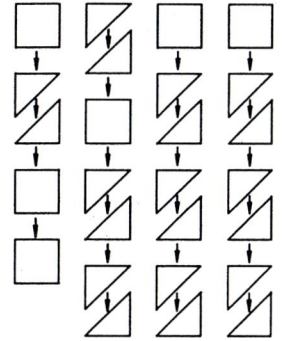
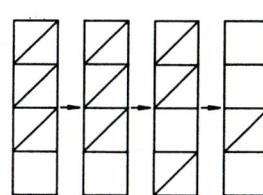
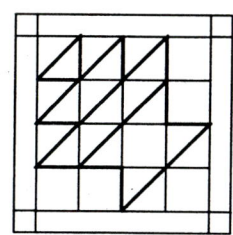

ELABORACIÓN

• Cortar cuadrados de 6 x 6 cm y triángulos rectángulos de 6 x 6 cm;
• unir triángulos y cuadrados para formar tiras verticales;
• unir estas tiras horizontalmente para formar el recuadro central;
• cortar tiras de 3 cm de ancho y cuadrados de 3 x 3 cm para el borde;
• unir el borde al recuadro grande y rematar.

Delantal con cestito.

BLOQUE "LOG CABIN"

SE NECESITA
Telas de colores y dibujos variados para el motivo.
Tela de cuadritos rojos y blancos para el borde.
Tela azul claro de fantasía grande para el borde.

DIMENSIONES
24 x 24 cm (30 x 30 cm con el borde).

Baberos con motivo "Log Cabin".

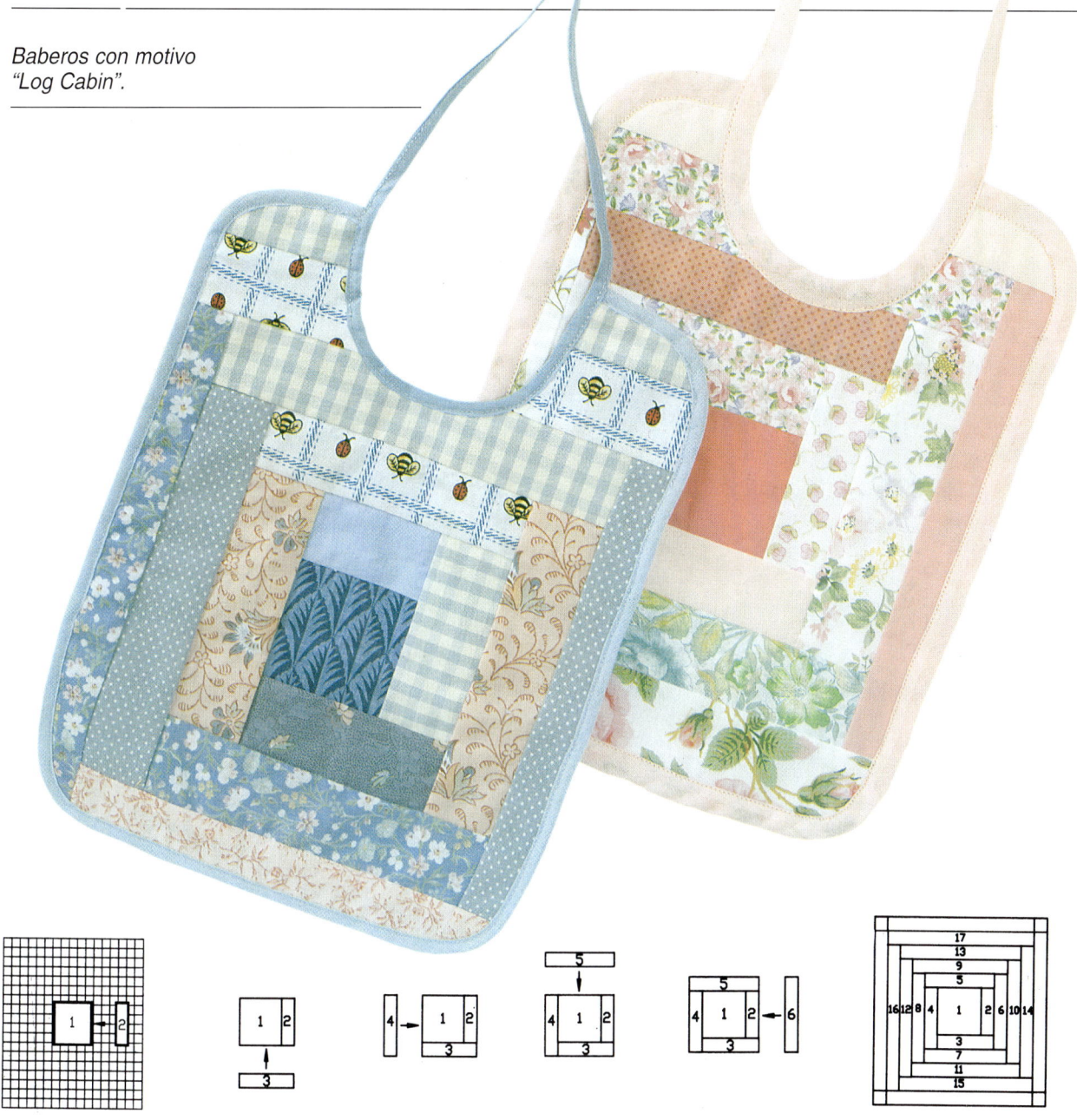

ELABORACIÓN

- De la tela roja más oscura, cortar un cuadrado para la pieza nº 1 de 4 x 4 cm;
- de las telas de colores y dibujos diversos cortar varias tiras de 2,5 cm;
- prender con un alfiler la pieza nº 1 en el centro de una hoja de papel cuadriculado, superponer una tira haciendo que coincida con el lado del cuadrado;
- coser el borde de la tira sobre la parte que cubre la pieza nº 1, dar la vuelta, planchar y cortar los sobrantes para obtener la pieza nº 2;
- sobre los lados adyacentes de las piezas nº 1 y nº 2 superponer una tira, prenderla con un alfiler, coser los bordes que cubren las piezas precedentes, volver, planchar y cortar lo que sobre, para obtener la pieza nº 3;
- sobre los bordes adyacentes de las piezas nº 2 y nº 3, superponer una tira y proceder como hemos dicho en los casos anteriores;
- continuar igual con todas las piezas;
- quitar el papel que os ha servido de guía para las costuras de las tiras;
- cortar tiras de 3 cm de ancho y cuadrados de 3 x 3 cm para los bordes;
- unir el borde al recuadro y rematar.

BLOQUE CON MOLINILLOS

SE NECESITA
Telas de fantasía o de tinta unida para el motivo.
Tela de cuadritos rojos y blancos para el borde.
Tela azul claro de fantasía grande para el borde.

DIMENSIONES
24 x 24 cm (30 x 30 cm con el borde).

Acericos con composición de triángulos.

PROYECTOS

Agarraderos con molinillos como motivo.

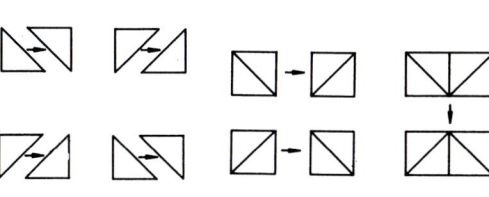

ELABORACIÓN

- Cortar triángulos rectángulos de 6 x 6 cm y unirlos hasta formar cuadrados de 6 x 6 cm;
- unir los cuadrados hasta formar tiras horizontales;
- unir estas tiras verticalmente hasta formar el recuadro central;
- cortar tiras de 3 cm y cuadrados de 3 x 3 cm para el borde;
- unir el borde al recuadro y rematar si es necesario.

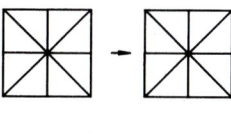 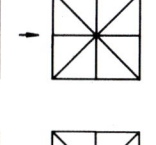 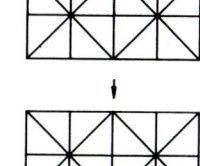 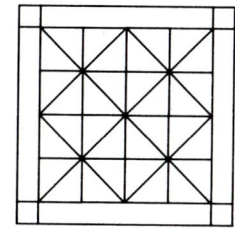

BLOQUE CON ESTRELLA

SE NECESITA
Telas de fantasía roja y azul claro para el motivo y el fondo.
Tela de cuadraditos rojos y blancos para el borde.
Tela azul claro y fantasía grande para el borde.

DIMENSIONES
24 x 24 cm (30 x 30 cm con el borde).

PROYECTOS

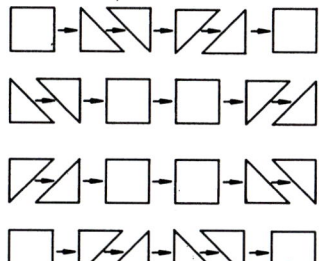
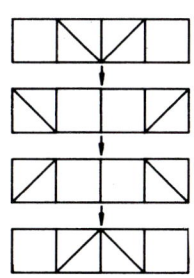

ELABORACIÓN

- Cortar cuadrados de 6 x 6 cm y triángulos de 6 x 6 cm y unirlos para formar tiras horizontales;
- unir las tiras verticalmente para formar el recuadro central;
- cortar tiras de 3 cm de ancho y cuadritos de 3 x 3 cm para el borde;
- unir el borde al recuadro y rematar.

Mantelito para bandeja con una estrella como motivo.

BLOQUE CON CORAZÓN

SE NECESITA
Telas de fantasía azul claro y rojo para el recuadro de base y aplicación.
Tela de cuadritos rojos y blancos para el borde.
Tela de flores de varios colores de fantasía grande para el borde.

DIMENSIONES
24 x 24 cm (30 x 30 cm con el borde).

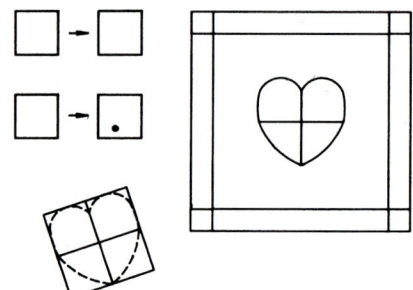

PROYECTOS

Aplicación en forma de corazón confeccionado estilo "Crazy Patchwork".

Salvamantel decorado con aplicaciones en forma de corazón.
(A. Alessandri)

ELABORACIÓN

• De la tela de fantasía azul claro, cortar el cuadrado base de 24 x 24 cm;
• de las telas rojas, cortar cuadrados de 9 x 9 cm y unirlos primero horizontalmente, después verticalmente para formar un cuadrado dividido en 4 secciones;
• cortar el patrón de papel para el corazón;
• del cuadrado de 4 secciones, cortar y preparar la pieza en forma de corazón con el método de aplicación;
• coser con punto escondido la aplicación en el centro del cuadrado base;
• cortar tiras de 3 cm de ancho y cuadrados de 3 x 3 cm para el borde;
• unir el borde al recuadro y rematar.

"SAMPLER QUILT"

SE NECESITA
Tela en colores y fantasías diversas para los bloques.
Tela de cuadraditos para las tiras de unión entre ellos y el 1er borde.
Tela de fantasía de fondo azul claro para los cuadraditos en las intersecciones y 2º borde.
Tela roja para el 3er borde.
Capa de relleno.
Forro.

DIMENSIONES
de los bloques 24 x 24 cm.
del trabajo acabado 110 x 134 cm.

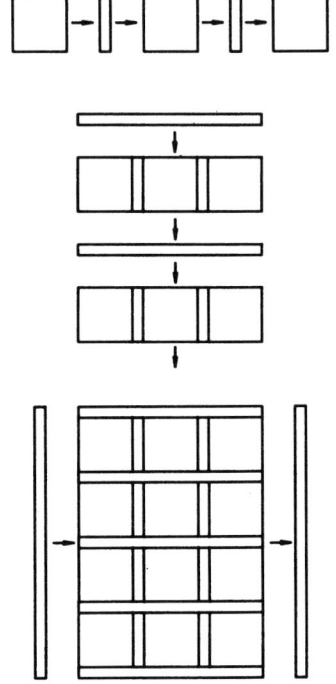

ELABORACIÓN

Después de haber confeccionado los 12 bloques (ver páginas anteriores) se necesita:
- *cortar las tiras de unión entre dos cuadrados de 4 cm de ancho;*
- *unir los bloques y las tiras entre dos cuadrados para formar bandas horizontales;*
- *unir estas tiras de unión y bandas en sentido vertical para formar el top;*
- *cortar los cuadrados para las intersecciones de 6 x 6 cm;*
- *rematar los márgenes y coser a punto escondido;*
- *cortar y unir el 1er borde de 4 cm de ancho;*
- *cortar y unir el 2º borde de 9 cm de ancho;*
- *cortar y unir el 3er borde (de 6 + 5 cm para el acabado);*
- *dibujar sobre la tela el motivo del acolchado;*
- *cortar la capa de relleno y forro (110 x 138 cm);*
- *superponer las tres capas (top, relleno y forro);*
- *hilvanar y acolchar;*
- *rematar lateralmente plegando el tercer borde sobre el reverso del trabajo y coser con punto escondido.*

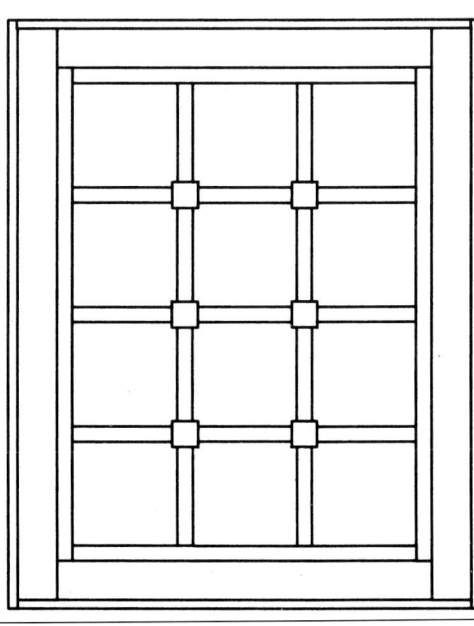

PROYECTOS

PEQUEÑA COLCHA DE CUADRADOS

SE NECESITA
Tela de colores y dibujos variados para cuadrados y bordes.
Capa de relleno.
Forro.

DIMENSIONES
100 x 120 cm.

ELABORACIÓN

• Cortar los cuadrados de 10 x 10 cm de distintos dibujos;
• cortar el relleno de 110 x 130 cm que incluye también el 3er borde.
• colocar los cuadrados sobre el plano de trabajo, combinando armoniosamente colores y dibujos;
• unir los cuadrados para formar tiras horizontales;
• unir las tiras verticalmente para formar el top;
• cortar y unir el 1er borde de 3 cm de ancho y el 2º borde de 5 cm de ancho;
• superponer las tres capas (top, relleno y forro), prender con alfileres, hilvanar y acolchar, teniendo como guía la cinta adhesiva que se aplicará y se quitará en cada costura;
• rematar lateralmente plegando el forro sobre el top para formar el 3er borde y coser con punto escondido.

QUILT CON CASAS

SE NECESITA
Tela de diferentes colores para los bloques.
Tela verde para las tiras de unión y 1er borde.
Tela amarilla para los cuadrados de las intersecciones y 2º borde.
Capa de relleno.
Forro.

DIMENSIONES
del recuadro: 15 x 15 cm.
del trabajo acabado: 113 x 170 cm.

ELABORACIÓN

- *Confeccionar los bloques con las casitas;*
- *cortar las tiras de unión entre dos recuadrados de 4 cm de ancho;*
- *unir los bloques y las tiras de unión para formar franjas horizontales;*
- *unir verticalmente estas tiras y franjas para formar el top;*
- *cortar cuadrados amarillos de 2,5 cm de lado, plegar los bordes y coserlos a punto escondido en las intersecciones de las tiras entre dos recuadros;*
- *cortar y unir el 1er borde de 10 cm de ancho;*
- *cortar y unir el 2º borde (1 cm + 5 cm para el acabado);*
- *cortar la capa de relleno y el forro (113 x 170 cm);*
- *superponer e hilvanar las tres capas (top, relleno y forro);*
- *rematar lateralmente plegando el 2º borde sobre el revés del trabajo y coser a punto escondido.*

PROYECTOS

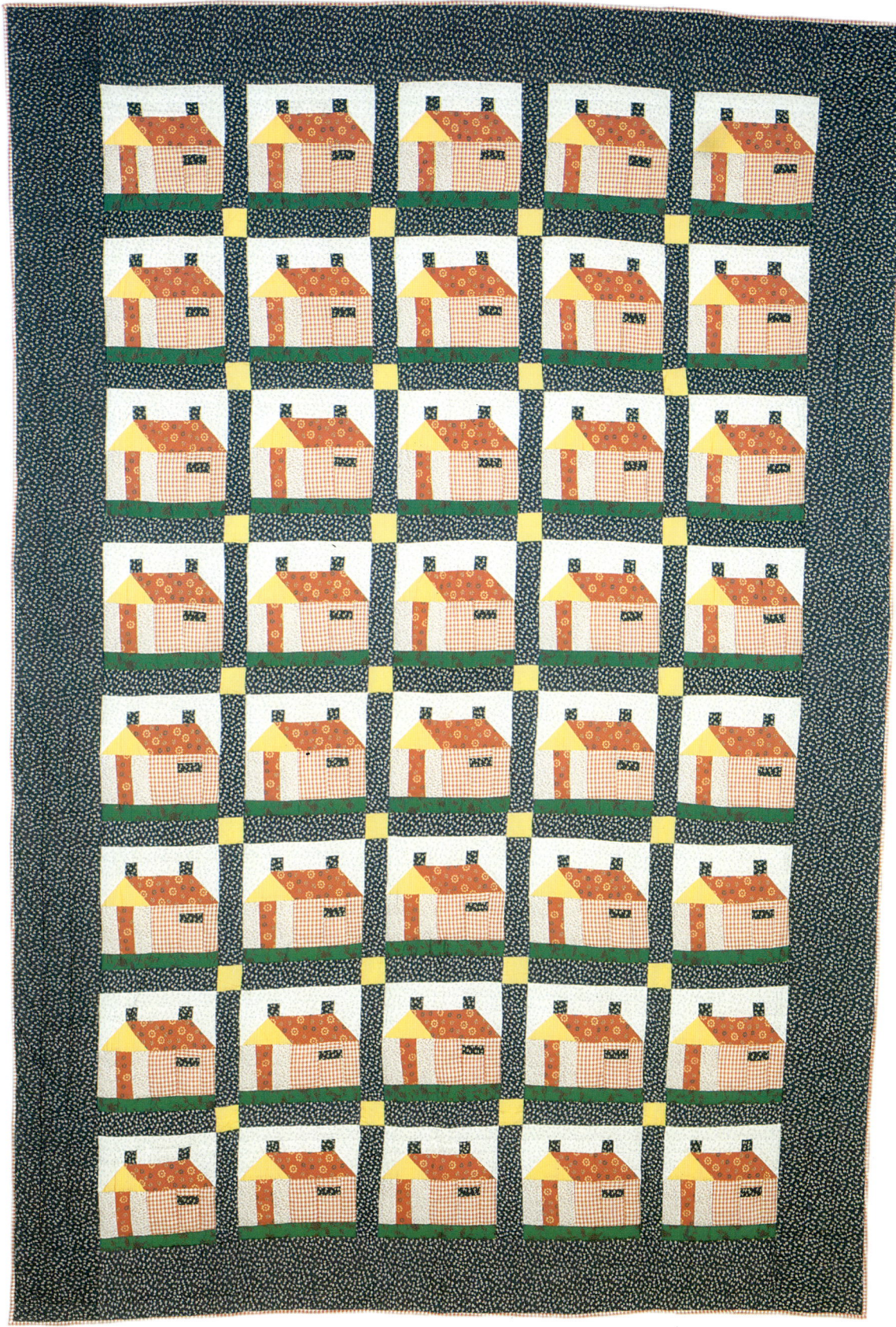

QUILT CON BLOQUES DE UNA SOLA PIEZA

SE NECESITA
Tela de fantasía en tonos marrones para los bloques.
Tela de color crudo para las tiras de unión y 1er borde.
Tela de fantasía para el 2º borde.
Capa de relleno.
Forro.

DIMENSIONES
210 x 244 cm.

ELABORACIÓN

- *Cortar bloques en tela de fantasía de 13 x 13 cm;*
- *cortar tiras de unión de 4 cm de ancho;*
- *unir bloques y tiras de unión para formar franjas horizontales;*
- *unir verticalmente estas tiras de unión y franjas para hacer el top;*
- *cortar y unir el 2º borde (1 + 5 cm para el acabado);*
- *cortar la capa de relleno y el forro (210 x 244 cm);*
- *superponer, hilvanar y acolchar las tres capas (top, relleno y forro);*
- *rematar lateralmente plegando el 2º borde sobre el revés del trabajo y coser a punto escondido.*

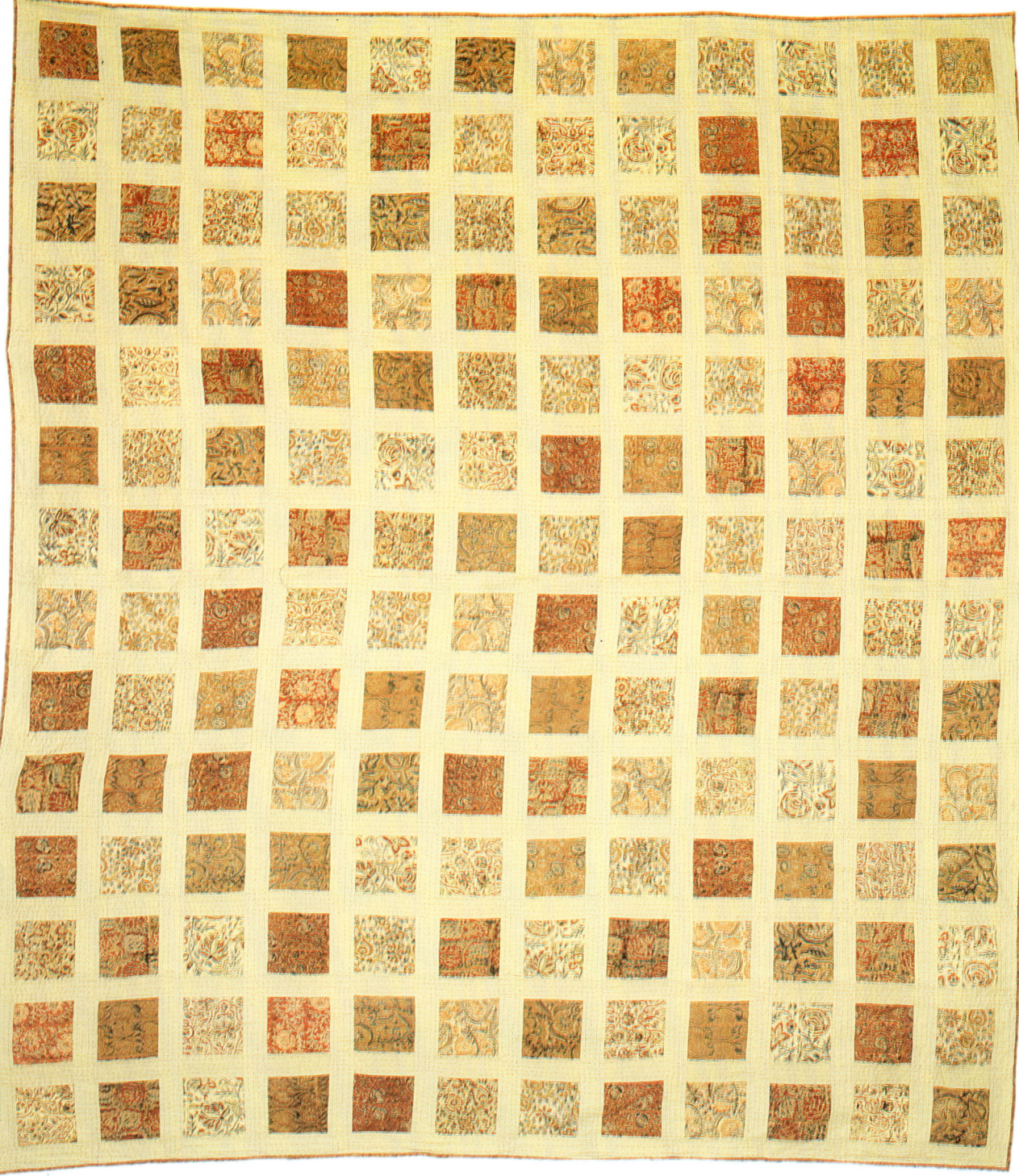

"SCRAP QUILT"

SE NECESITA
Tela de fantasía y colores variados.
Tela malva para el 1er borde.
Tela burdeos para el forro.
Capa de relleno.

DIMENSIONES
111 x 205 cm.

ELABORACIÓN

Para confeccionar el "Scrap Quilt" se necesita:
- Cortar cuadrados de 10 x 10 cm, triángulos de 1/2 cuadrado de 10 x 10 cm, y triángulos de un cuarto de cuadrado de 7 x 7 cm;
- disponer las piezas sobre el plano de trabajo, combinándolas armoniosamente;
- unir los triángulos y formar cuadrados;
- unir estos cuadrados para hacer tiras;
- unir estas bandas para componer el top;
- cortar y unir el primer borde de 4,5 cm de ancho;
- cortar la capa de relleno (110 x 205 cm) y el forro (118 x 212 cm);
- unir las tres capas (top, relleno y forro) con alfileres, hilvanar y acolchar;
- rematar lateralmente plegando el forro sobre el derecho del trabajo, para formar el 2º borde (1,5 cm) y coser con punto escondido.

QUILT DE "9 PIEZAS"

SE NECESITA
Tela de dibujos y colores variados para los bloques.
Tela de dibujo menudo para el 1er borde.
Tela de fantasía grande para el 2º borde.
Capa de relleno.
Forro.

DIMENSIONES
del recuadro: 15 x 15 cm.
del trabajo: 118 x 163 cm.

ELABORACIÓN

- Cortar piezas cuadradas de 5 x 5 cm para el dibujo de Patchwork;
- utilizar estas piezas para componer los cuadrados "9 piezas" y unirlas en franjas horizontales;
- para hacer el top unir estas bandas verticalmente;
- cortar y unir el 1er borde (4 cm);
- cortar y unir el 2º borde (10 + 5 cm para el acabado);
- cortar la capa de relleno y el forro (118 x 163 cm);
- superponer las tres capas (top, relleno y forro);
- rematar lateralmente plegando el 2º borde sobre el revés del trabajo y coser a punto escondido.

PROYECTOS

COIN

QUILT CON GATOS "TODO OREJAS"

SE NECESITA
Telas de distintos colores para los bloques de Patchwork.
Tela blanca para el fondo, bloques enteros y 1er borde.
Tela roja para el 2º borde y para los cuadrados de las esquinas del 1er borde.
Capa de relleno.
Forro.

DIMENSIONES
del cuadrado: 12 x 15 cm.
del trabajo acabado: 110 x 137 cm.

ELABORACIÓN

- Confeccionar los bloques de Patchwork;
- cortar bloques enteros de 12 x 15 cm y unirlos a los bloques de Patchwork para formar tiras horizontales;
- unir estas tiras verticalmente para crear el *top*;
- cortar el 1er borde vertical de 12 cm de ancho y unirlo al *top*;
- cortar y unir el 2º borde (1 + 5 cm para el remate);
- bordar el hocico de cada gatito;
- superponer, hilvanar y acolchar las tres capas (*top*, relleno y forro);
- rematar lateralmente plegando el 2º borde sobre el forro del trabajo y coser a punto escondido.

FUNDA DE ALMOHADÓN CON UNA COMPOSICIÓN DE TRIÁNGULOS

SE NECESITA
Tela de dibujos y colores variados para los triángulos.
Tela azul para la tira de remate y el forro del revés.

DIMENSIONES
70 x 50 cm.

Quilt *cuadrado con una composición de triángulos (Bassetti). En la página siguiente una funda para almohadón de Bassetti.*

ELABORACIÓN

- *Cortar triángulos rectángulos de 8,5 x 8,5 cm y colocarlos sobre el plano de trabajo de manera que haya una combinación alternativa de tiras más oscuras y más claras;*
- *unir los triángulos en tiras;*
- *unir estas bandas para componer el* top;
- *cortar y unir el borde azul oscuro (5,5 x 11 cm);*
- *cortar la parte trasera de la funda (85 x 50 cm) teniendo en cuenta que la parte lateral se doblará hacia el interior de la funda una vez que hayamos metido el almohadón;*
- *superponer el* top *y la trasera de la funda derecho contra derecho y coser por tres lados, rematar el 4º lado y volver la funda del almohadón del derecho.*

FUNDA DE ALMOHADÓN CON EL MOTIVO "VUELO DE LA OCA"

SE NECESITA
Tela blanca y de fantasía para el motivo de Patchwork y para los bordes.
Tela azul para la parte trasera de la funda.

DIMENSIONES
70 x 50 cm.

Quilt *cuadrado con una composición de "Vuelo de la oca" (Bassetti). En la página siguiente de frente una funda de almohadón Bassetti.*

ELABORACIÓN

- *Cortar triángulos rectángulos de color y blancos (7 x 7 cm y de 5 x 5 cm);*
- *unir dos triángulos blancos a cada triángulo de color para formar rectángulos de 10 x 5 cm;*
- *unir estos rectángulos en tiras verticales.*
- *unir estas tiras horizontalmente para componer el recuadro central;*
- *cortar los bordes horizontales (2, 3, 5, 3, y 2 cm) y los bordes verticales (2, 6, 8, 6, y 3 cm) y unirlos uno a uno a un panel central;*
- *cortar la trasera de la funda (85 x 50 cm) teniendo en cuenta que un lado se plegará hacia dentro una vez se haya metido el almohadón;*
- *superponer el frente y la trasera y coser tres lados;*
- *rematar el 4º lado con un dobladillo y darle la vuelta.*

QUILT CON ESTRELLAS

SE NECESITA
Tela de colores y dibujos variados para las estrellas, fondo y tiras.
Tela color crudo para el fondo, estrellas y cenefas.
Capa de relleno.
Funda.

DIMENSIONES
del recuadro: 24 x 24 cm.
del trabajo terminado: 160 x 160 cm.

ELABORACIÓN

- Para confeccionar estrellas, con el motivo del centro "El cuadrado dentro del cuadrado", se necesita cortar cuadrados de 8,5 x 8,5 cm y triángulos rectángulos de 6 x 6 cm en tela color crudo, cuadrados y triángulos rectángulos de 6 x 6 cm en tela de fantasía;
- para las estrellas cuyo centro es la tela de un solo color, es necesario cortar cuadrados y triángulos rectángulos de color crudo de 6 x 6 cm, cuadrados de 12 x 12 cm y triángulos rectángulos de 6 x 6 cm en tela de fantasía;
- unir los cuadrados y los triángulos en tiras horizontales;
- unir estas tiras verticalmente para componer los bloques;
- alternar las estrellas de dos tipos y unirlas en tiras horizontales;
- unir estas tiras verticalmente para componer el top;
- cortar y unir la primera tira de 4 cm de ancho, la segunda de 5 cm, la tercera de 6 cm y la cuarta de 5 + 5 cm para el remate;
- cortar la capa de relleno y el forro (160 x 160 cm);
- superponer las tres capas (top, relleno y forro), hilvanar y acolchar;
- rematar lateralmente plegando los bordes hacia el revés y coser a punto escondido sobre el forro.

PROYECTOS

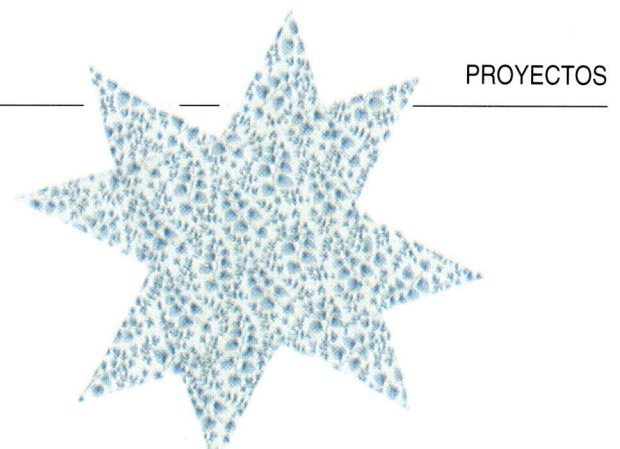

BASSETTI

QUILT "ÁRBOL DE LA VIDA"

SE NECESITA
Tela blanca para el árbol y el fondo.
Tela azul para el árbol y el forro.
Tela de fantasía para el árbol y cenefa.
Capa de relleno.

DIMENSIONES
del bloque de Patchwork: 33 x 33 cm.
del trabajo acabado: 110 x 152 cm.

ELABORACIÓN

Para confeccionar los bloques se necesita:
• cortar de la tela de fantasía cuadrados de 5 x 5 cm y triángulos rectángulos de 9 x 9 cm;
• cortar de la tela azul triángulos rectángulos de 5 x 5 cm y tiras de 3 cm de ancho para el tronco;
• cortar de la tela blanca triángulos rectángulos de 13 x 13 cm y cuadrados de 20 x 20 cm;
• eliminar de cada cuadrado blanco dos triángulos de 9 x 9 cm y coserlos sobre la pieza que resta de la tira azul del tronco, tras haber plegado los márgenes, después, allí donde han sido eliminados los dos triángulos blancos, unir dos triángulos de fantasía de 9 x 9 cm para completar el cuadrado de 20 x 20 cm.

Para la parte superior del árbol es necesario:
• unir triángulos blancos y azules para formar cuadrados de 5 x 5 cm;
• unir cuadrados y triángulos primero en sentido horizontal, después verticalmente;
• unir la parte superior del árbol con la inferior que contiene el tronco para formar el recuadro de 33 x 33 cm.

Para obtener todo el top es necesario:
• unir las partes de Patchwork y las de tela entera, primero horizontalmente y después verticalmente;
• cortar y unir la cenefa de fantasía de 4 cm de ancho;
• cortar la capa de relleno (110 x 152 cm) y el forro (118 x 160 cm);
• unir las tres capas (top, relleno y forro), hilvanar, acolchar y acabar lateralmente, haciendo con el forro un doblez sobre el derecho del trabajo para hacer un reborde y coser a punto de dobladillo.

QUILT DE TIRAS

SE NECESITA
Tela de dibujos variados en distintas gradaciones de burdeos y color crudo.
Forro.

DIMENSIONES
130 x 130 cm.

ELABORACIÓN

Para realizar este quilt, especialmente agradable si se pone encima de una falda camilla de una sola tinta de color, se necesita:
• *cortar tiras de distintos largos (de 2 a 7 cm) y unirlas para formar 4 trapecios (con base de 22 a 130 cm);*
• *cortar el cuadrado para la parte central de 22 x 22 cm;*
• *unir los 4 trapecios a los lados del cuadrado;*
• *unir los lados oblicuos;*
• *cortar el forro (130 x 130 cm);*
• *superponer el* top *y el forro, derecho contra derecho y coser los lados dejando una apertura, después darle la vuelta del todo;*
• *coser el trocito que se ha dejado abierto, planchar y rematar con un pespunte todos los lados para alisar el trabajo.*

PROYECTOS

PEQUEÑA COLCHA 4 ESTACIONES

SE NECESITA
Tela de colores y dibujos variados para los apliques y cenefa.
Tela blanca para el cuadrado base.
Tela rosa para el *top*.
Forro.
Encaje.
Pasacintas.
Cinta.

DIMENSIONES
del bloque central: 22 x 22 cm.
del trabajo acabado: 60 x 74 cm.

ELABORACIÓN

- Cortar el *top* rosa (60 x 74 cm);
- cortar y preparar con la aplicación "Suebonnet Sue" ("Sue" con sombrero de sol);
- cortar el cuadrado blanco de base de 17 x 17 cm y aplicar la niña con punto escondido;
- cortar cuadrados multicolores de 5 x 5 cm y unirlos en tiras;
- unir estas tiras para formar una cenefa alrededor del cuadrado blanco;
- aplicar el pasacintas e introducir la cinta y colocar todo sobre la tela rosa;
- aplicar las puntillas en todos los lados del paño y poner la cinta;
- cortar el forro (60 x 74 cm), más 15 cm para la parte que será doblada hacia el interior;
- superponer el *top* y el forro (derecho contra derecho) y coser los tres lados dejando abierto el del fondo para meter el relleno, transformando así, una pequeña colcha en un mini edredón para la estación más fría;
- volver del derecho y rematar el 4º lado y la parte del forro que hay que meter hacia dentro.

PROYECTOS

PEQUEÑA COLCHA CON CORAZONES

SE NECESITA
Telas de colores y fantasías diferentes para los corazones.
Tela rosa suave para la base.
Tela rosa intenso para la cenefa.
Tela de cuadraditos para el forro.
Capa de relleno.

DIMENSIONES
100 x 118 cm.

ELABORACIÓN

- De la tela rosa para la base, cortar un rectángulo de 76 x 104 cm;
- preparar las piezas en forma de corazón con el método Appliqué y colocarlas sobre la tela que sirve de base previamente dividido en cuadrados de 14 x 14 cm señalados con lápiz soluble (estas marcas desaparecerán completamente al frotar con un paño húmedo);
- prender con alfileres, hilvanar y coser a punto escondido todas las piezas;
- de la tela rosa intenso, cortar la cenefa de 5 cm de ancho y unirlo al top;
- cortar la capa de relleno (110 x 118 cm) y el forro, que comprenderá el borde externo (108 x 126 cm);
- superponer las tres capas (top, relleno y forro), hilvanar y acolchar los cuadrados y los corazones;
- plegar el forro sobre la cara de la colcha, coser a punto escondido y hacer un pespunte a lo largo de la segunda cenefa.

PROYECTOS

QUILT CON TRÉBOLES DE CUATRO HOJAS

SE NECESITA
Tela de colores y dibujos variados para los corazones, tiras de unión con las cenefas.
Tela de color crudo para la base de los cuadrados y cenefas.
Capa de relleno.
Forro.

DIMENSIONES
de los bloques: 16 x 16 cm.
del trabajo acabado: 138 x 166 cm.

ELABORACIÓN

- Cortar la base color crudo para los bloques (16 x 16 cm);
- cortar y confeccionar los corazones con el método Appliqué y coserlos a punto escondido;
- cortar las tiras de unión de 3 cm de ancho;
- unir bloques y tiras de unión para formar franjas horizontales;
- unir estas bandas verticalmente para formar la parte central del quilt;
- cortar y aplicar la 1ª cenefa color crudo de 11 cm de ancho;
- cortar y unir la 1ª cenefa de fantasía de 3 cm de ancho;
- cortar dos tiras de color crudo de 13 cm de ancho y aplicarla sobre los lados horizontales, después de haberles aplicado corazones invertidos alternativamente hacia arriba y hacia abajo;
- cortar y aplicar la segunda y la tercera cenefa de fantasía de 3 cm de ancho;
- cortar y aplicar la cenefa externa color crudo (1 + 5 cm para el acabado);
- cortar la capa de relleno y el forro (138 x 166 cm);
- superponer las tres capas (top, relleno y forro), hilvanar y acolchar;
- rematar lateralmente plegando el borde externo sobre el revés y coser a punto escondido.

PROYECTOS

QUILT CON CESTITOS

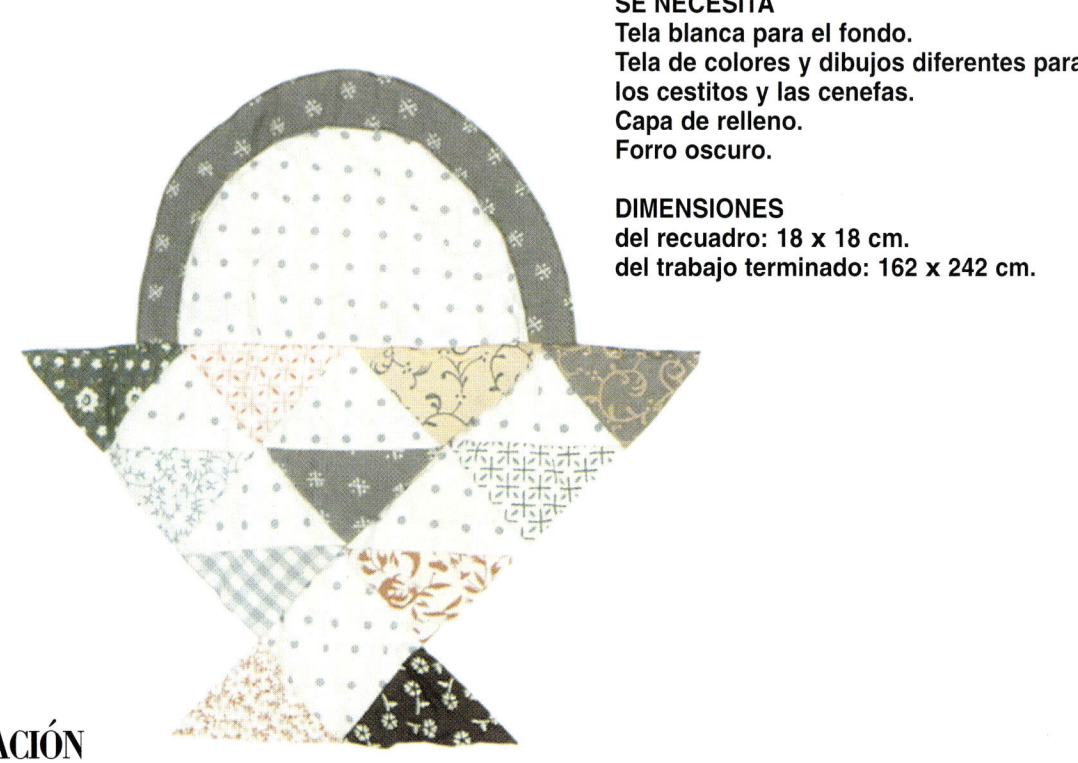

SE NECESITA
Tela blanca para el fondo.
Tela de colores y dibujos diferentes para los cestitos y las cenefas.
Capa de relleno.
Forro oscuro.

DIMENSIONES
del recuadro: 18 x 18 cm.
del trabajo terminado: 162 x 242 cm.

ELABORACIÓN

Para confeccionar los bloques de Patchwork con cestitos se necesita:
- cortar cuadrados de 3 x 3 cm y triángulos rectángulos de 3 x 3 cm blancos y de fantasía;
- unir cuadrados y triángulos primero horizontalmente, después verticalmente para formar la parte baja del cestito;
- cortar triángulos rectángulos blancos (18 x 18 cm y 6 x 6 cm);
- cortar, preparar y aplicar el asa del cestito sobre el triángulo más grande;
- unir los dos triángulos arriba y abajo del cestito para formar el bloque completo (18 x 18 cm).

Para confeccionar todo el quilt se necesita:
- cortar los cuadrados blancos (18 x 18 cm) para alternar con los cestitos, los medios cuadrados (18 x 18 cm) y los cuartos de cuadrado (12,5 x 12,5 cm);
- unir cuartos de cuadrado, medios cuadrados y bloques enteros en la técnica del Patchwork hasta formar bandas horizontales;
- unir las bandas para formar el top;
- cortar y unir arriba y abajo y en el fondo una cenefa blanca de 15 cm de ancho;
- confeccionar las cenefas dentadas, cortando y uniendo triángulos rectángulos (5 x 5 cm), blancos y de color, alternándolos;
- unir una cenefa dentada (5 cm), una blanca (10 cm), una dentada (5 cm) y una blanca (10 cm);
- cortar la capa de relleno (162 x 242 cm) y el forro (170 x 230 cm);
- superponer las tres capas (top, relleno y forro), hilvanar y acolchar;
- rematar lateralmente volviendo el forro del derecho del trabajo para formar un pequeño borde y coser a punto escondido.

PORTABEBÉS

SE NECESITA
Tela de colores y dibujos variados para los corazones y el "Log Cabin".
Tela rosa para la base.
Tela para la espalda.
Capa de relleno.

DIMENSIONES
90 x 60 cm.

PROYECTOS

ELABORACIÓN

Este trabajo es especialmente práctico porque puede tener varias funciones: cuando está abierto puede ser usado como mantita para el cochecito o la cuna, o como mantita para cambiar los pañales, fruncido y cerrado sirve como portabebé. Para su confección se necesita:
• preparar tres cuadrados "Log Cabin" de 20 x 20 cm y 3 corazones en tiras de tela;
• cortar la tela rosa que sirve de base (90 x 60 cm) y aplicarle a mano o a máquina los bloques y corazones;
• cortar el relleno (90 x 60 cm) y el forro (100 x 79 cm);
• superponer el top, el relleno y el forro, hilvanar y coser el forro de manera que se forme un borde en el cual introducir la tira de 3 cm que sirva para anudar.

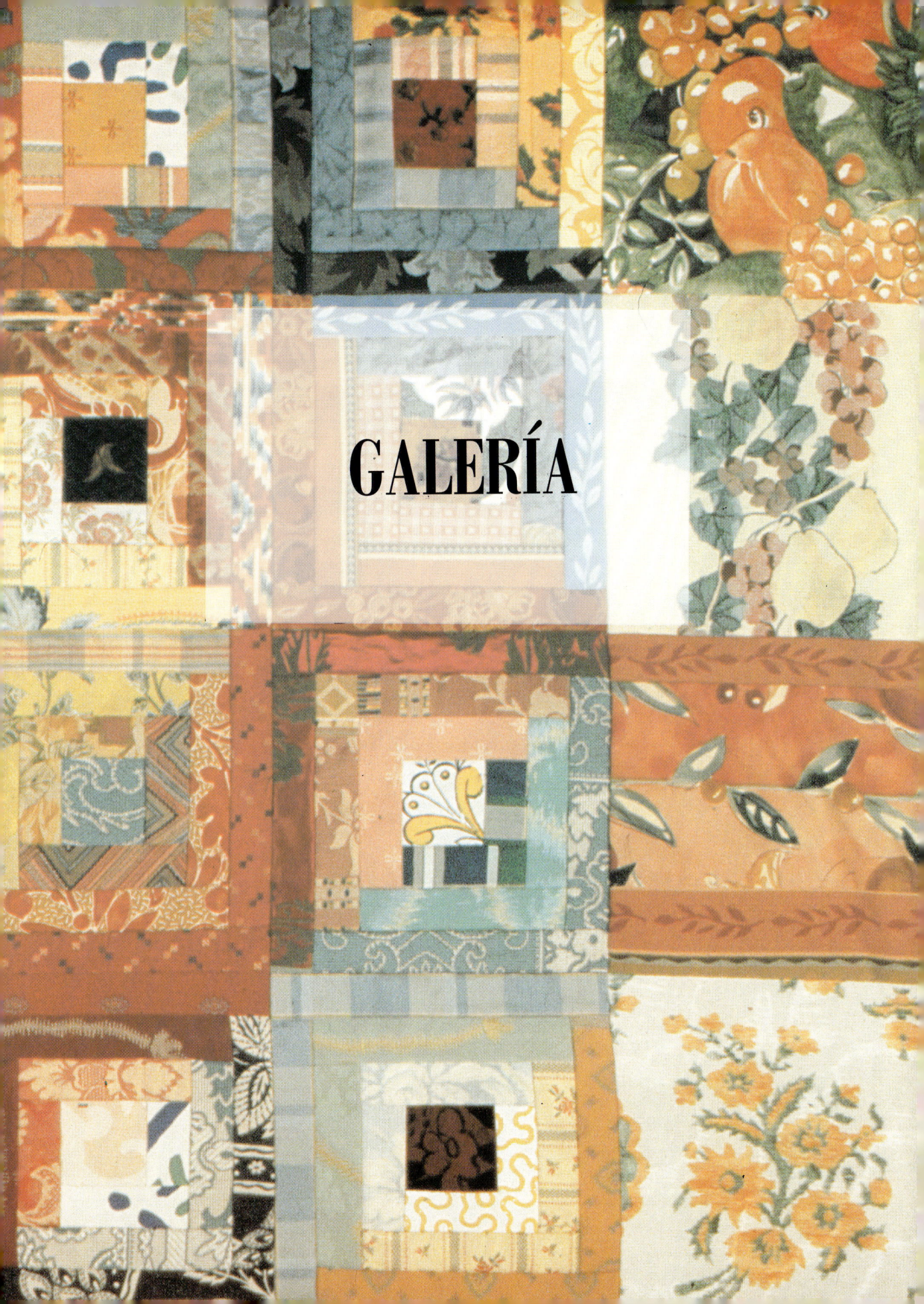
GALERÍA

GALERÍA

En las páginas anteriores: Quilt de C. Parriaud.

Una incisiva comparación de bloques con motivos "Fan" (abanico) que se destacan con un relieve muy especial sobre el fondo claro. (Bassetti)

Un quilt con motivos "Wedding Ring" (alianza matrimonial), tradicionalmente realizado en distintas telas sobre fondo blanco. (Bassetti)

GALERÍA

"Viaje alrededor del mundo" es la composición en la que pequeñas piezas iguales forman cuadrados concéntricos cada vez más grandes.

Graciosas flores de lis estilizadas con los tallos aplicados. (G. Truffa)

GALERÍA

Las tiras de unión oscuras dan un especial relieve a los recuadros geométricos del "Sampler quilt". (J. Platt)

Ingenua decoración de flores, estrellas y corazones dentro de un borde dentado y líneal. (COIN)

GALERÍA

GALERÍA

Bloques con clásicas guirnaldas aplicadas. (R. Carbone)

Agradable quilt, *muy especial por la elección de colores y las interpretaciones del motivo "Log Cabin". (M. Todeschi)*

GALERÍA

GALERÍA

Alegres gatitos en relieve que se destacan sobre el fondo claro que reproduce el mismo dibujo. (F. Morini)

GALERÍA

Divertida composición de gatitos estilizados y multicolores. (F. Morini)

GALERÍA

Pequeña colcha destinada a un niño apasionado por los coches, está decorada con sencillas formas geométricas en las esquinas y un gran coche aplicado en tela estampada en el centro. (COIN)

Miniquilt en tono naïf por su decoración gráfica y cromática. (COIN)

GALERÍA

GALERÍA

Quilt *de bloques iguales, ha sido confeccionado en nuestros días, pero su estilo es perfectamente comparable a la más antigua tradición americana. (COIN)*

GALERÍA

Estrellas realizadas con minúsculos rombos con una gradación de colores que se destacan sobre el fondo blanco de los cuadrados, al que confieren un realce las tiras oscuras que sirven de unión con el ancho borde. (COIN)

GALERÍA

Composición geométrica de gran vivacidad cromática. (COIN)

El clásico motivo "abanico" es el protagonista de este quilt *de agradables colores pastel. (COIN)*

GALERÍA

GALERÍA

GALERÍA

Minúsculos exágonos unidos a la inglesa para hacer el mapa de Gran Bretaña y su bandera. (P. Hay, National Patchwork Championship)

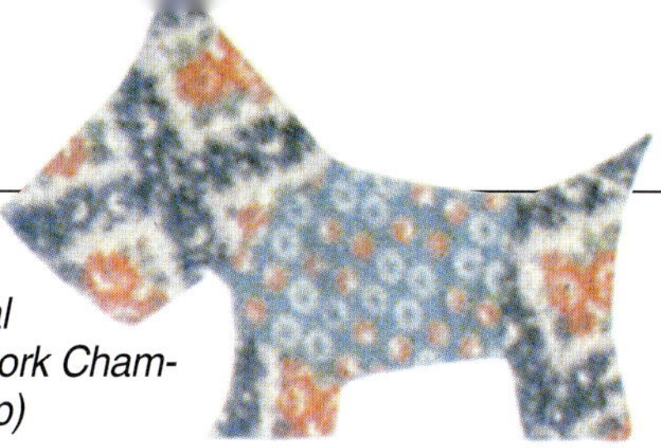

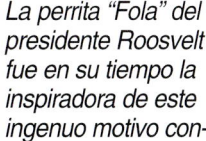

La perrita "Fola" del presidente Roosvelt fue en su tiempo la inspiradora de este ingenuo motivo convertido en clásico, que se destaca sobre las piezas que forma un tablero de ajedrez. (K. Berenson)

GALERÍA

Quilt *geométrico*, "King size", compuesto por bloques de "Vuelo de la oca" y "Cuadrado dentro del cuadrado" especialmente genial por la combinación de colores. (M. Corman)

Composición de bloques irregulares en tela moderna de colores cálidos y fríos. (C. Lavieri Forman)

GALERÍA

GALERÍA

Quilt *cuadrado de "King Size". El cuadrado es la figura geométrica más sencilla, y la base de la búsqueda cromática además de la gráfica. (Bassetti)*

Simpático tapiz que representa un sello de correos con el mapa de los Estados Unidos y sus diferentes paisajes. (I. Wieland)

GALERÍA

En esta falda para el árbol de navidad, es visible el error hecho a propósito por la supersticiosa realizadora, tal y como lo mandaba la antigua tradición de los pioneros. (COIN)

La sabia combinación de los colores crea un efecto tridimensional especialmente agradable. (S. Ognibene)

GALERÍA

GALERÍA

"Regata", así ha sido bautizado este gran quilt *guateado (230 x 230 cm), para cuya confección se han utilizado triángulos y cuadrados compuestos. (R. Ferré)*

GALERÍA

El quilt *"King size" muestra una versión personal del clásico motivo "Árbol de la vida", en una notable realización debido a sus cualidades gráficas y cromáticas. (R. Ferré)*

GALERÍA

La sencillez de la composición se acompaña de una búsqueda cromática de resultados excepcionales. (I. Hueber)

En esta interpretación muy moderna del Patchwork, el estudio de los colores y del sencillo cosido, es muy eficaz y contribuye a crear un efecto muy sugestivo. (A. M. Stewart)

GALERÍA

GALERÍA

Un quilt *romántico, realizado con el método* Appliqué, *en una armoniosa combinación de telas de color pastel. (I. Wieland)*

GALERÍA

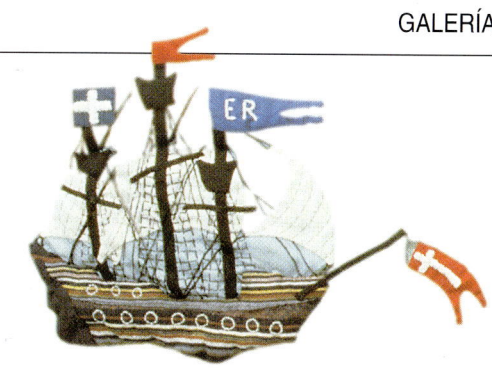

Quilt *figurativo, cuyo centro y bordes están adornados con una rica decoración gráfica y cromática (H. TRUPP - National Patchwork Championship)*

GALERÍA

Quilt *floral con bloques irregulares y un ancho borde decorado con ramajes. (Flower Patch Quilters - National Patchwork Championship)*

Esta composición de bloques y dibujos diferentes lleva el nombre de "Sampler Quilt", y está confeccionada según la técnica del Appliqué. *Las tiras de unión oscuras le dan un realce a los bloques de fondo claro. (R. Carbone)*

GALERÍA

Sugestivo quilt redondo, muy evocador con su decoración en forma de estrella compuesta por rombos en una sucesiva gradación de color y con un ancho borde realizado con tiras de tela. (Flynn Quilt Frame Co.)

Composición geométrica sencilla, pero de un intenso efecto cromático. (J. Chausson)

GALERÍA

ESQUEMAS

PEQUEÑA COLCHA DE CUADRADOS
(en p. 92)

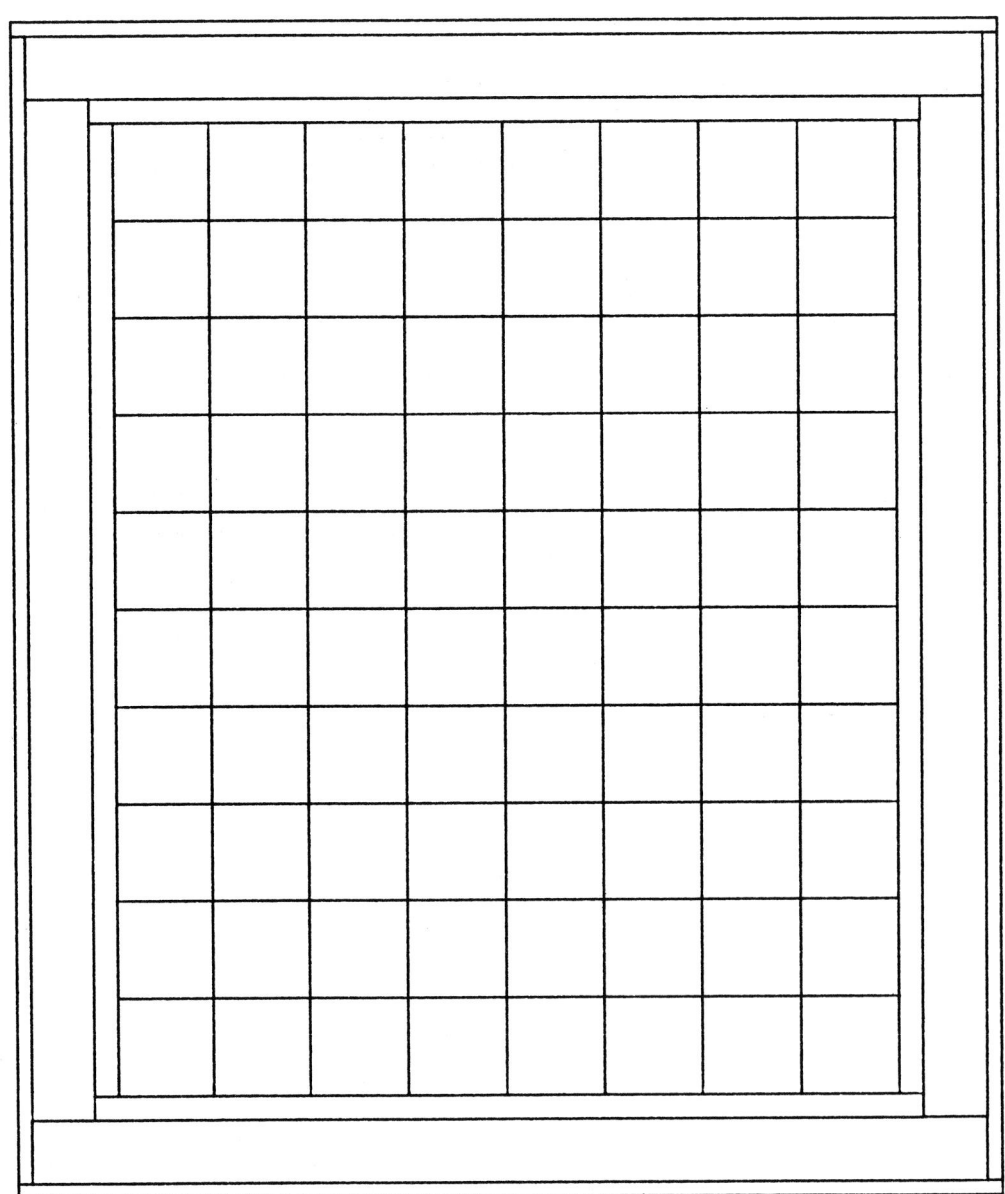

QUILT CON BLOQUES DE UNA SOLA PIEZA

(en p. 96)

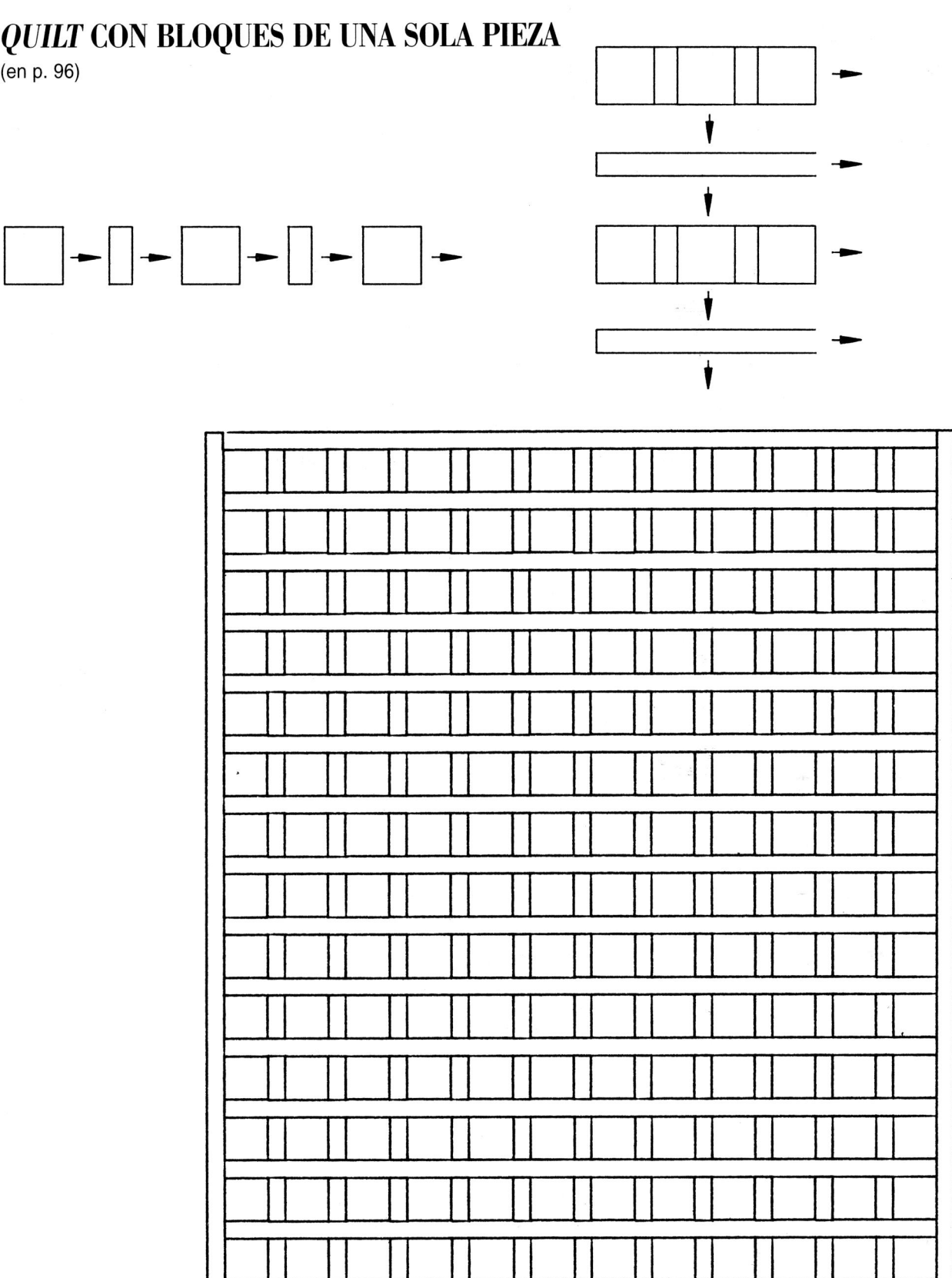

ESQUEMAS

QUILT CON CASAS
(en p. 94)

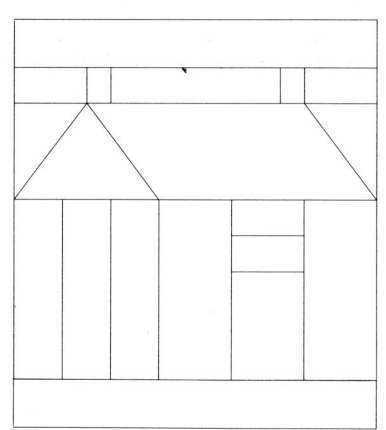

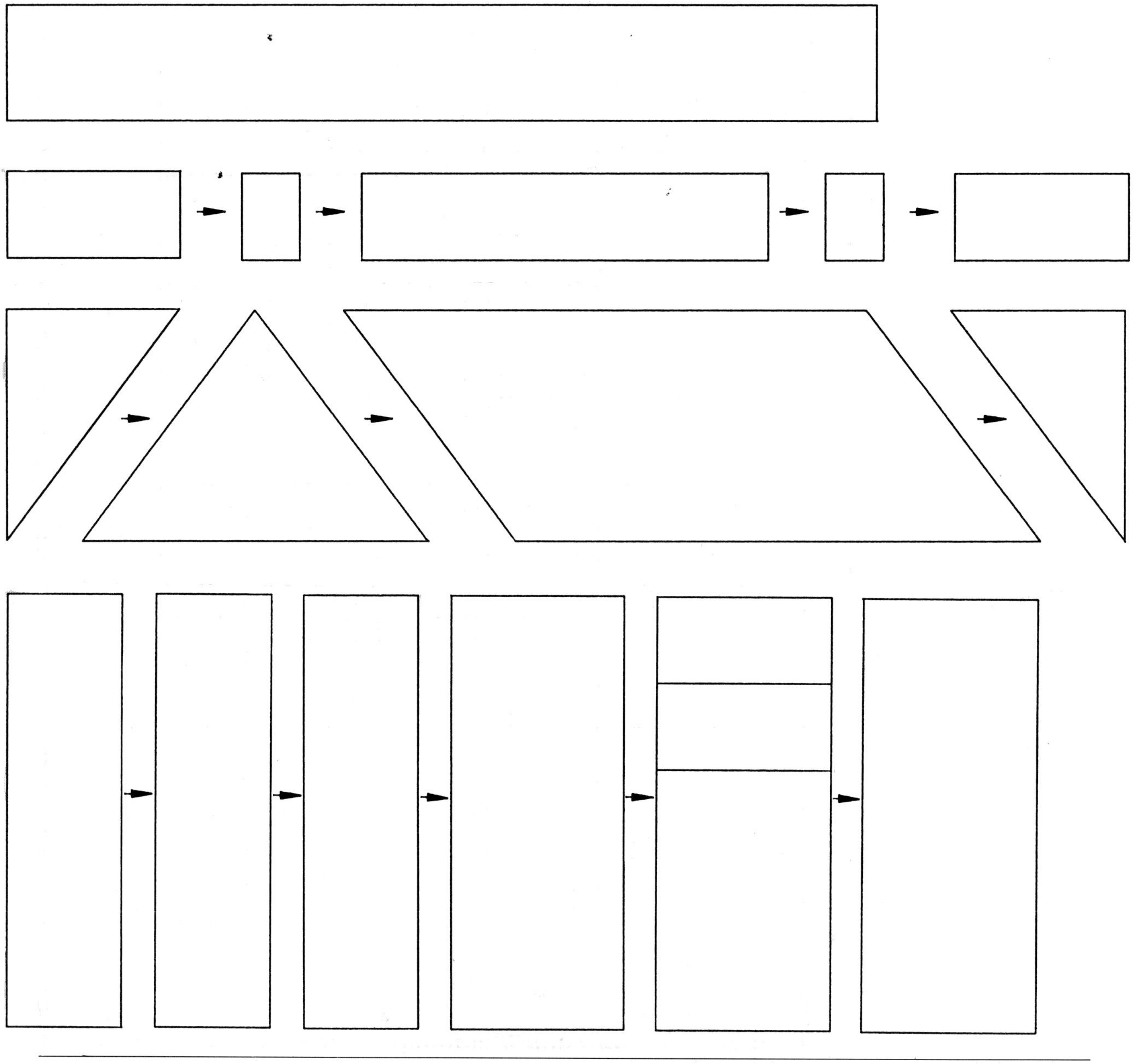

ESQUEMAS

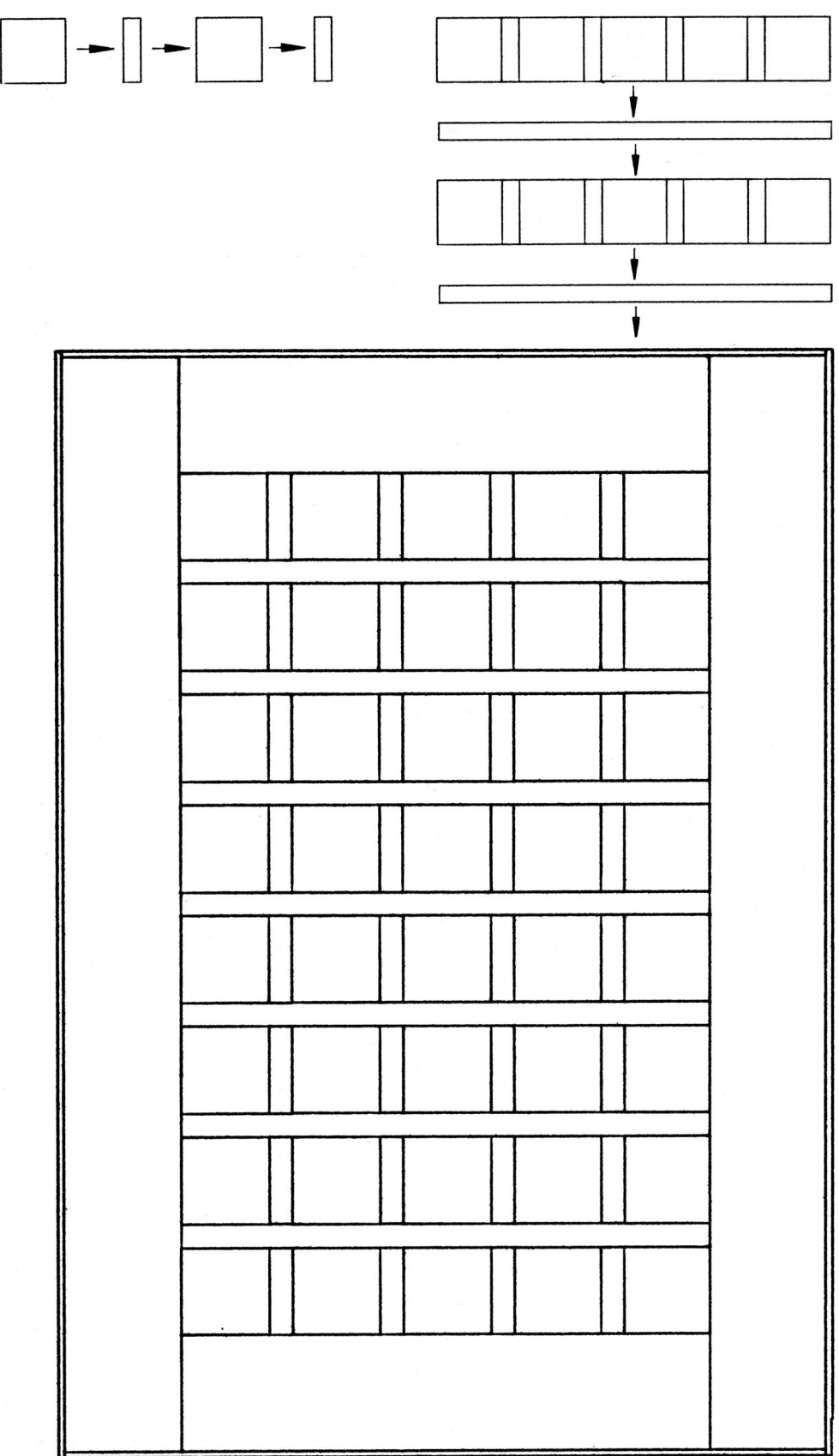

ESQUEMAS

"SCRAP QUILT"
(en p. 98)

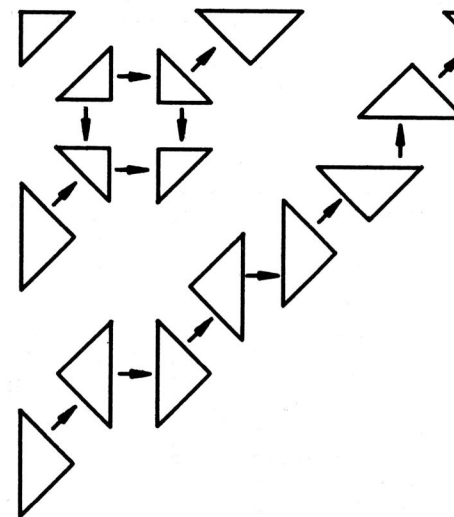

QUILT DE 9 PIEZAS
(en p. 100)

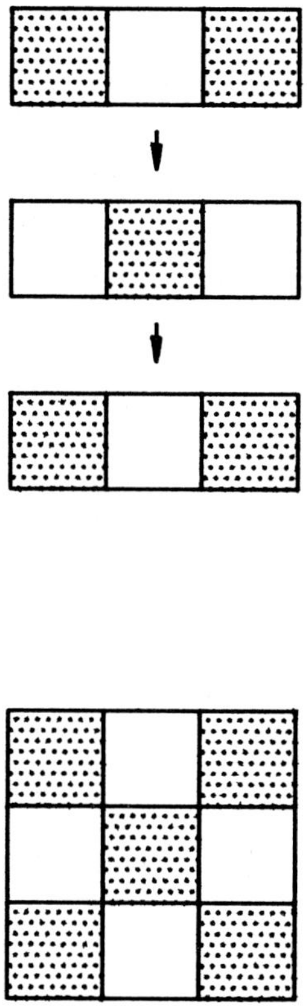

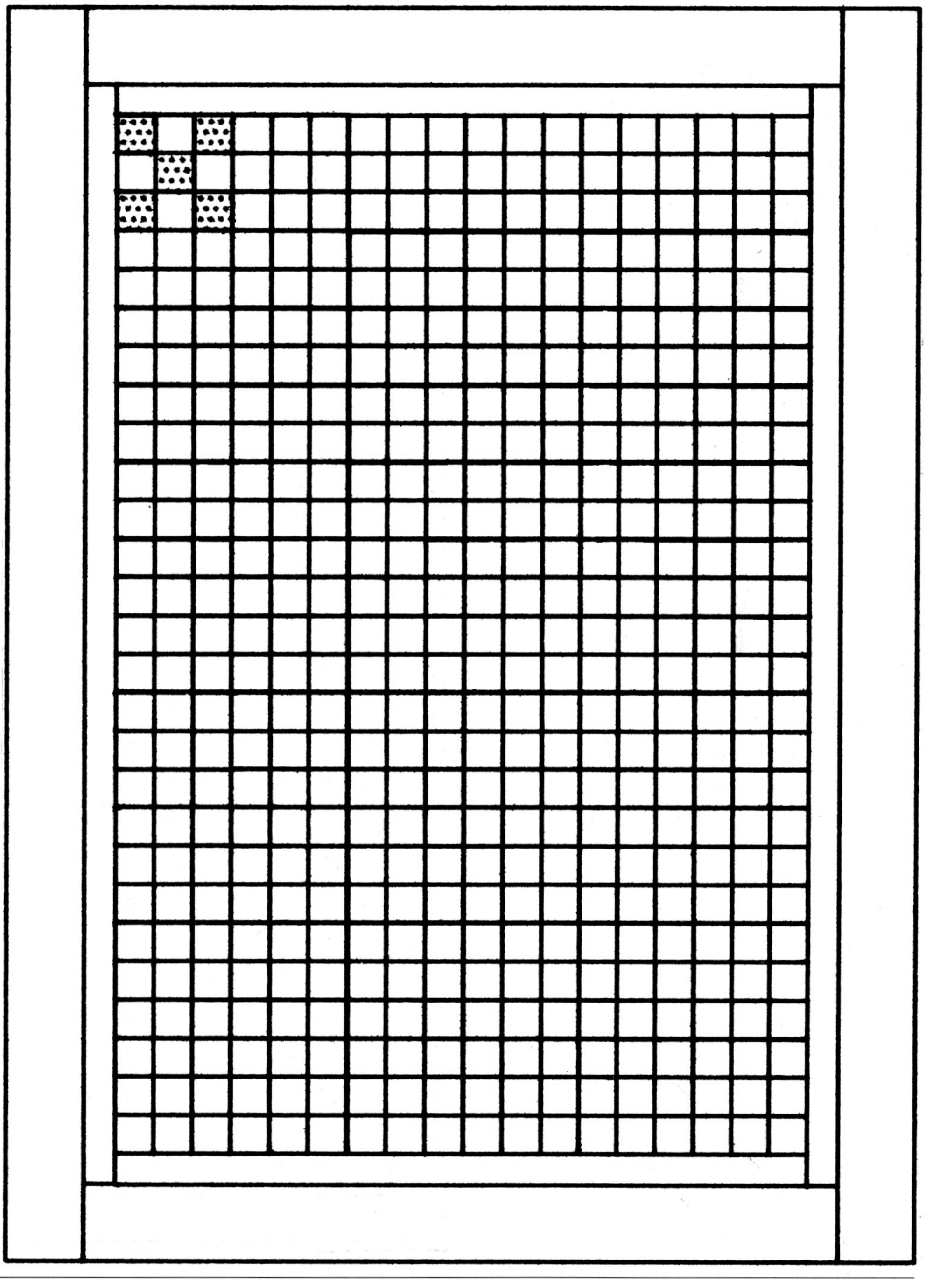

ESQUEMAS

QUILT CON GATOS "TODO OREJAS"
(en p. 102)

ESQUEMAS

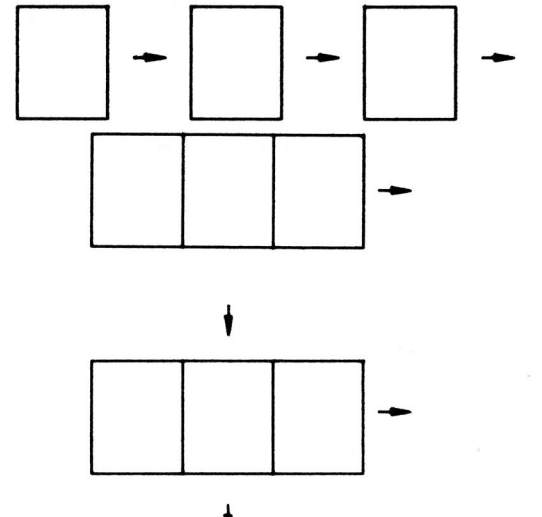
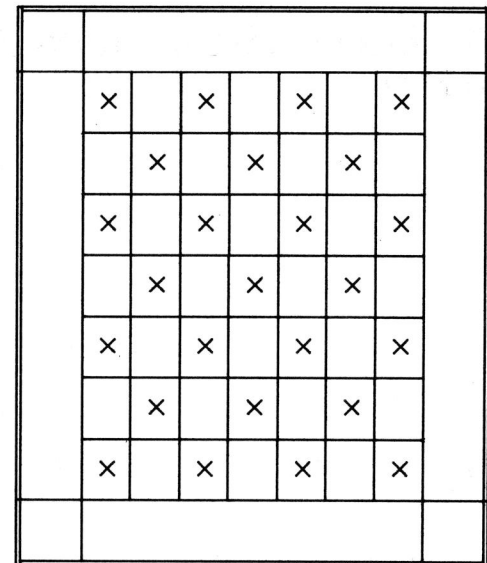
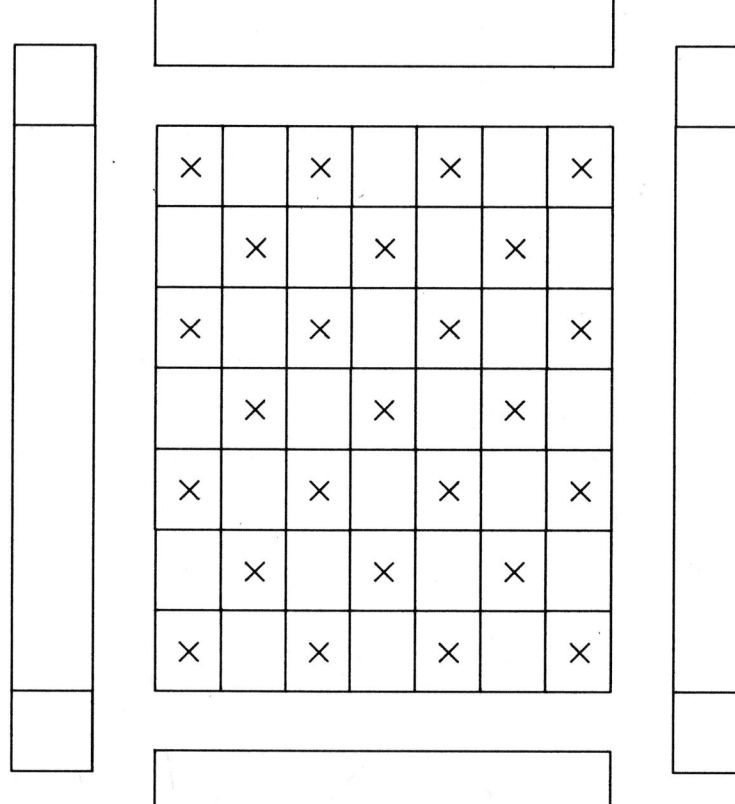

167

ESQUEMAS

FUNDA DE ALMOHADÓN CON TRIÁNGULOS
(en p. 104)

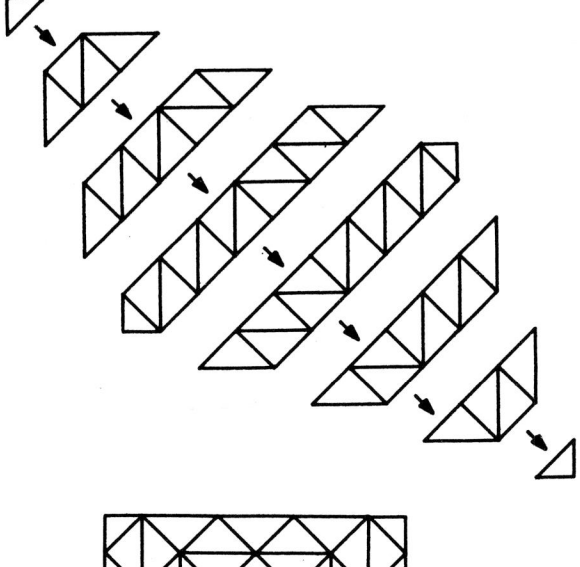
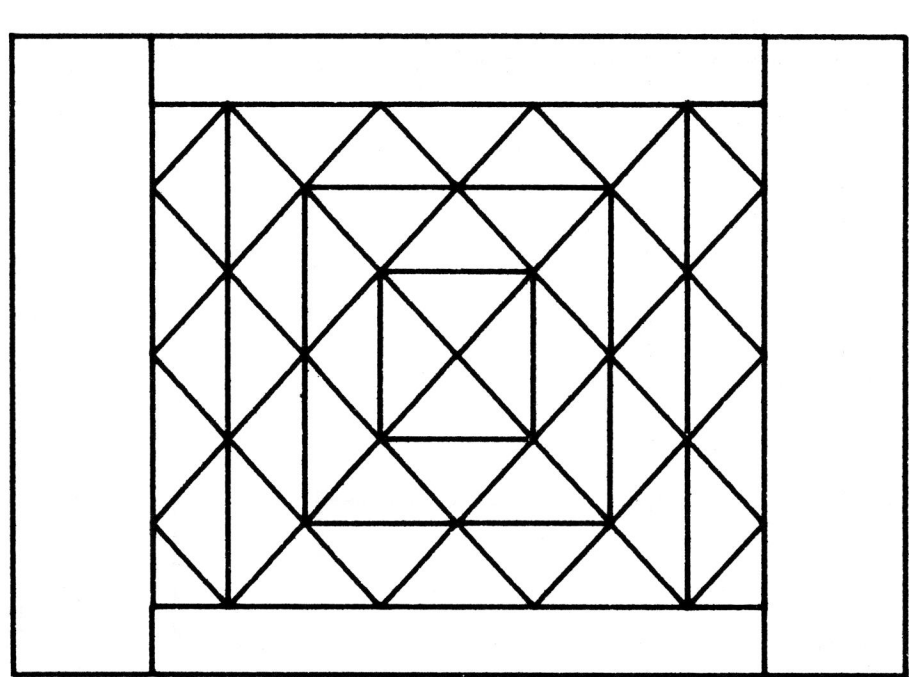

ESQUEMAS

FUNDA DE ALMOHADÓN CON "VUELO DE LA OCA"
(en p. 106)

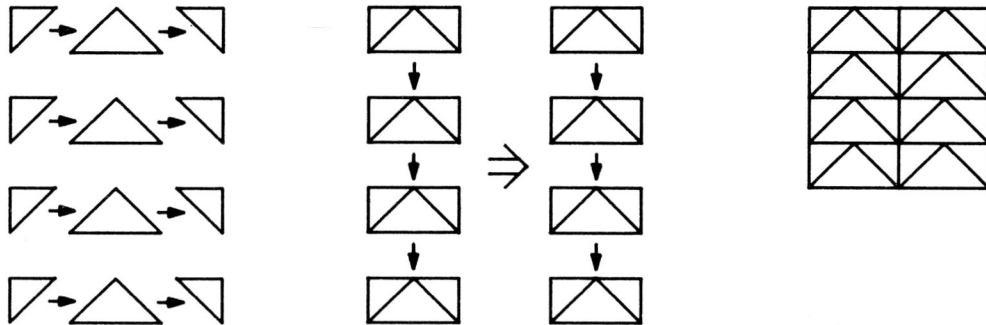

QUILT DE TIRAS
(en p. 112)

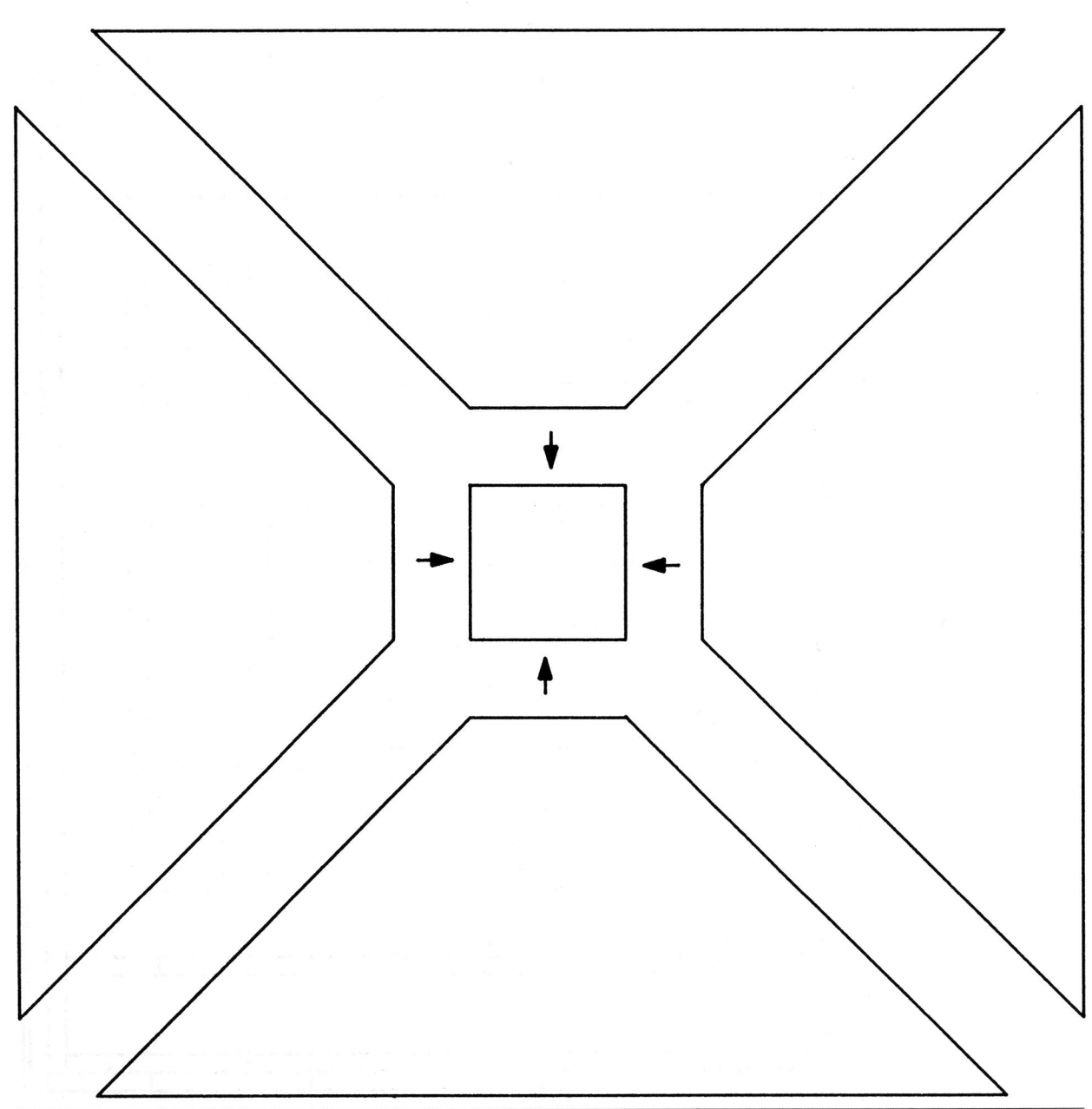

QUILT CON TRÉBOLES DE CUATRO HOJAS
(en p. 118)

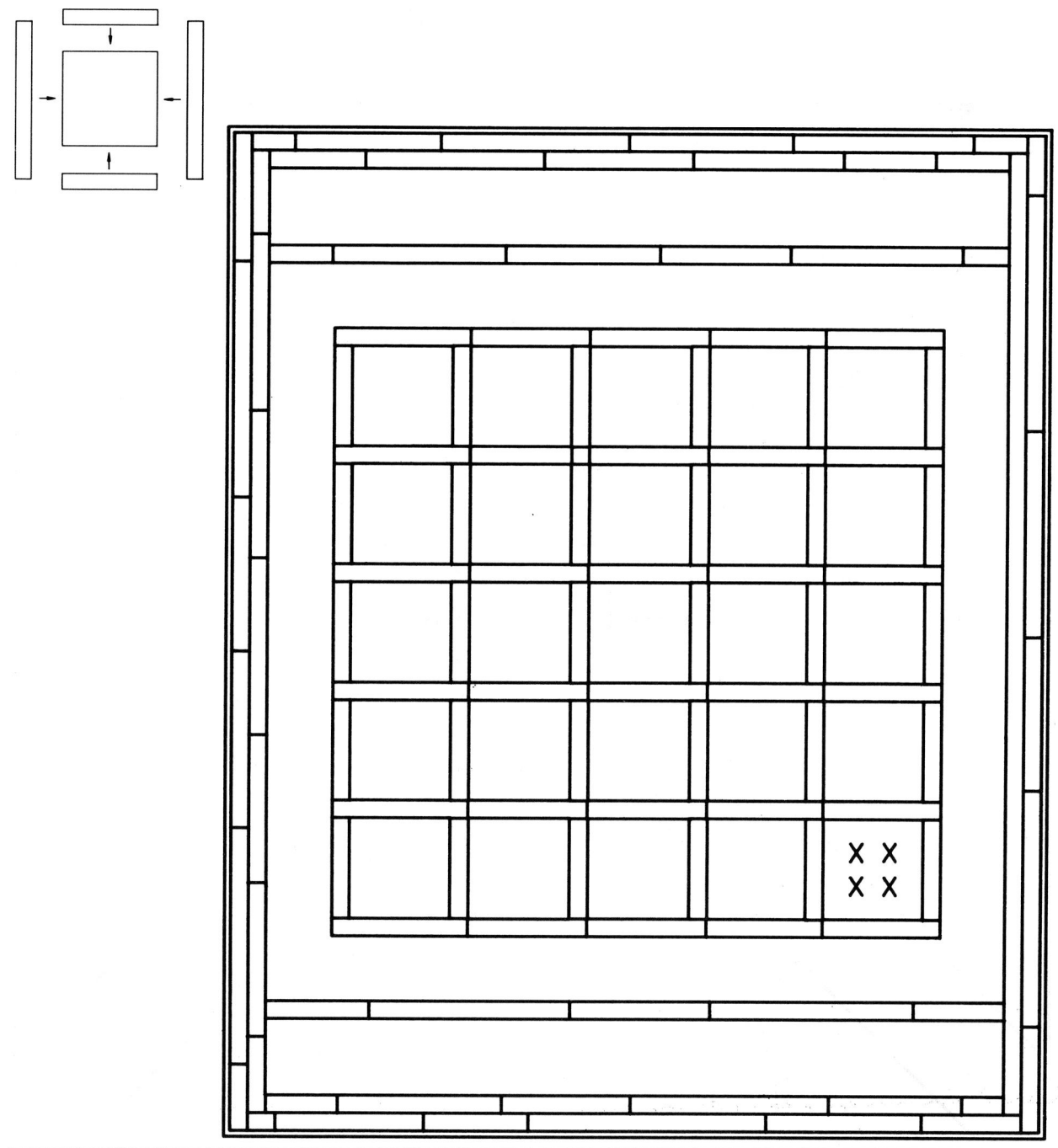

PEQUEÑA COLCHA CUATRO ESTACIONES
(en p. 114)

ESQUEMAS

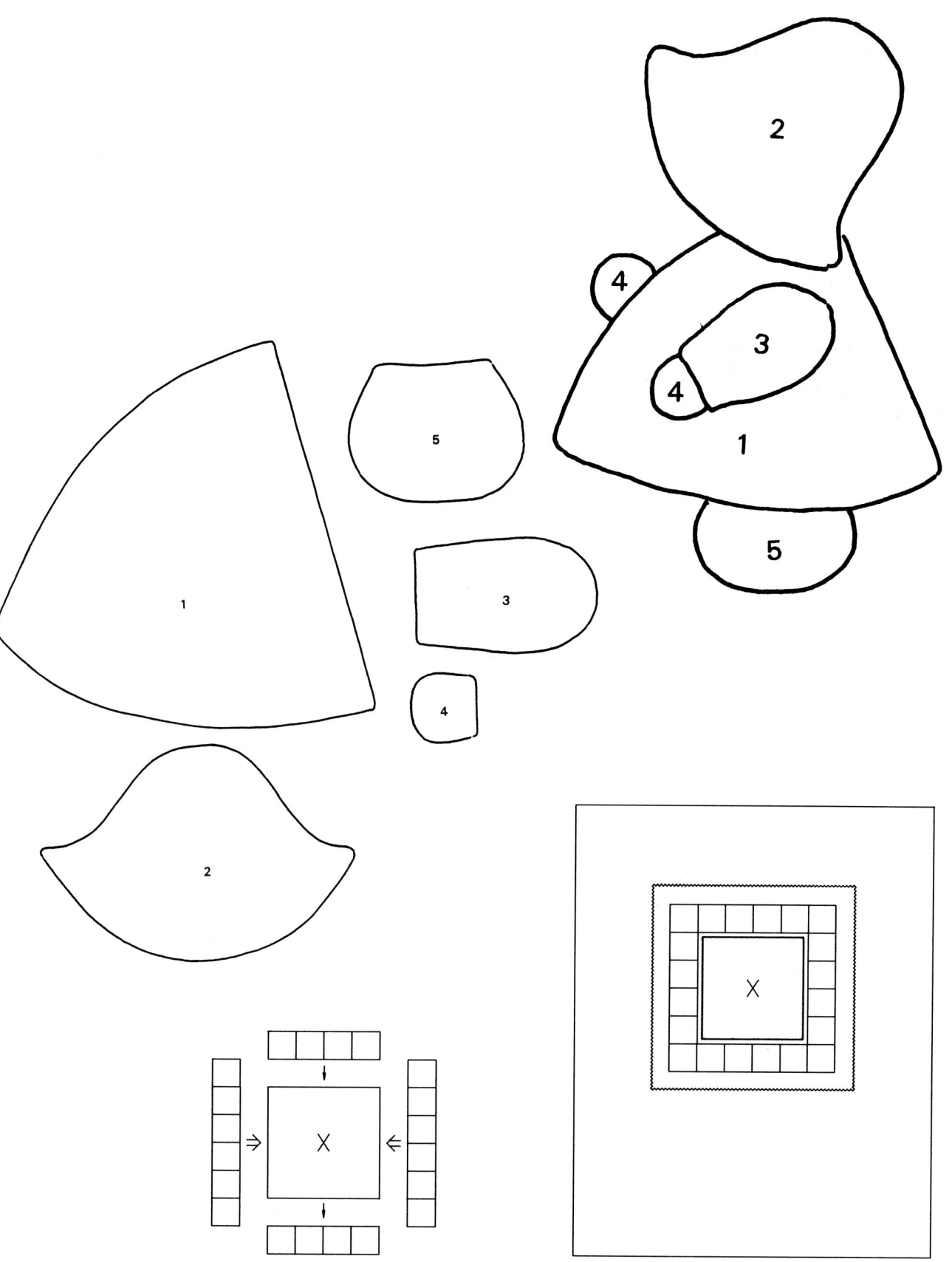

173

ESQUEMAS

QUILT CON CESTITOS
(en p. 120)

ESQUEMAS

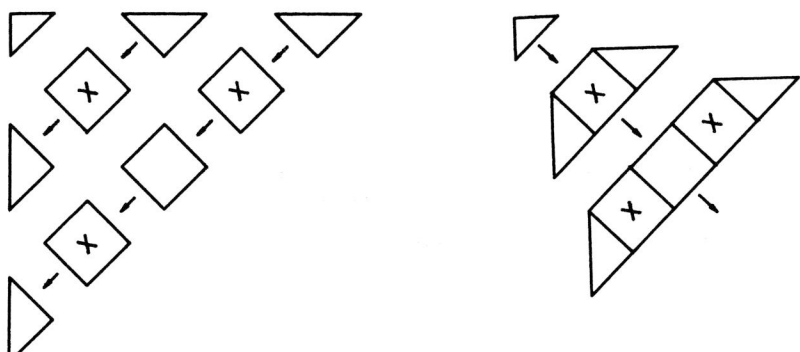

175

GLOSARIO

APPLIQUÉ:
Procede de la palabra francesa "Appliquer", se entiende cuando el trabajo se realiza uniendo las piezas por superposición, es decir, cosidas unas sobre otras bien a mano o a máquina.

CRAZY PATCHWORK:
Un estilo de Patchwork que destaca por la variedad e irregularidad en la forma de las piezas de tela, normalmente son diferentes en la fibra, textura, contenido y color.

LOG CABIN:
Conocido también como "Cabaña de troncos". Un estilo de Patchwork donde las tiras de tela están cosidas alrededor de una figura central.

MINIQUILT:
Pequeño *quilt*.

PATCHWORK:
La técnica de coser pequeñas piezas de tela, para crear una pieza mayor llamada *quilt*.

QUILT:
La obra terminada con la técnica de Patchwork, independientemente de su tamaño y su utilidad; puede ser una colcha, un tapiz, etc.

QUILTER:
Persona que acolcha.

SAMPLER QUILT:
Una clase de *quilt* donde todos los bloques son diferentes, cada uno está hecho con una técnica distinta. Hacer un *Sampler Quilt* es un buen camino para aprender las técnicas del Patchwork.

SCRAP QUILT:
Quilt realizado con pequeños trozos de retales.

TOP:
Parte superior del *quilt*.